本书获北京高等学校青年英才计划项目
（Beijing Higher Education Young Elite Teacher Project）
——北京现代服务业集群升级深化路径研究（项目号：YETP1762）资助

现代服务业的商业生态系统研究

Research on Business Ecosystem of Modern Service Industry

王娜 著

图书在版编目（CIP）数据

现代服务业的商业生态系统研究/王娜著.—北京：经济管理出版社，2015.12
ISBN 978-7-5096-4209-2

Ⅰ.①现… Ⅱ.①王… Ⅲ.①服务业—生态经济系统—研究 Ⅳ.①F719

中国版本图书馆 CIP 数据核字（2015）第 311738 号

组稿编辑：申桂萍
责任编辑：申桂萍
责任印制：黄章平
责任校对：雨　千

出版发行：经济管理出版社
（北京市海淀区北蜂窝 8 号中雅大厦 A 座 11 层　100038）

网　　址：www.E-mp.com.cn
电　　话：(010) 51915602
印　　刷：北京九州迅驰传媒文化有限公司
经　　销：新华书店
开　　本：720mm×1000mm/16
印　　张：12.5
字　　数：196 千字
版　　次：2015 年 12 月第 1 版　2015 年 12 月第 1 次印刷
书　　号：ISBN 978-7-5096-4209-2
定　　价：48.00 元

·版权所有　翻印必究·

凡购本社图书，如有印装错误，由本社读者服务部负责调换。
联系地址：北京阜外月坛北小街 2 号
电话：(010) 68022974　　邮编：100836

目　录

第一章　绪论 ··· 1

　　一、研究背景 ··· 1

　　二、研究意义 ··· 3

　　三、研究对象和研究内容 ··· 4

　　　　（一）研究对象 ··· 4

　　　　（二）研究内容 ··· 4

　　四、研究方法与技术路线图 ·· 6

　　　　（一）研究方法 ··· 6

　　　　（二）技术路线图 ·· 7

第二章　文献综述 ·· 9

　　一、商业生态系统概念 ·· 9

　　二、商业生态系统与商业网络的关系 ··························· 15

第三章　商业生态系统与现代服务业相关理论 ······················ 18

　　一、商业生态系统相关理论 ······································· 18

　　　　（一）生态学理论 ··· 19

　　　　（二）网络经济学 ··· 21

（三）价值链相关理论 …………………………………………… 23
　　（四）创新理论 …………………………………………………… 27
　　（五）复杂网络理论 ……………………………………………… 28
　　（六）商业生态系统理论 ………………………………………… 31
　　（七）平台模式 …………………………………………………… 39
二、现代服务业相关理论 ……………………………………………… 40
　　（一）现代服务业概念 …………………………………………… 40
　　（二）现代服务业的分类 ………………………………………… 45

第四章　现代服务业的商业生态系统分析
　　　　　　——以我国互联网信息服务业为例 ……………………… 48

一、我国互联网信息服务业商业生态系统现状分析 ………………… 50
　　（一）环境分析 …………………………………………………… 50
　　（二）主要构成 …………………………………………………… 53
　　（三）主要属性 …………………………………………………… 55
　　（四）绩效分析 …………………………………………………… 59
二、我国互联网信息服务商业生态系统演进分析 …………………… 67
　　（一）演进阶段 …………………………………………………… 68
　　（二）变化特点 …………………………………………………… 70
　　（三）动力机制 …………………………………………………… 73
　　（四）实现途径 …………………………………………………… 75
　　（五）案例：在线软件商店的兴起 ……………………………… 80
三、商业生态理论视角下的信息服务企业竞争战略分析 …………… 83
　　（一）竞争战略基础 ……………………………………………… 83
　　（二）竞争战略定位 ……………………………………………… 84
　　（三）竞争战略重点 ……………………………………………… 85
　　（四）典型企业的竞争战略选择 ………………………………… 87

（五）案例：从"3Q大战"到"微信风波" …………………… 92
（六）案例：阿里巴巴商业生态系统 …………………………… 94

四、商业生态系统视角下的促进互联网信息服务业发展的政策思考 …… 99
（一）决策定位 …………………………………………………… 99
（二）政策思路 …………………………………………………… 100
（三）政策建议 …………………………………………………… 102

第五章 现代服务业的商业生态系统分析
——以我国文化产业为例 ………………………………… 105

一、我国文化产业商业生态系统现状分析 ……………………………… 105
（一）文化产业概念 ……………………………………………… 105
（二）政策环境 …………………………………………………… 112
（三）发展现状 …………………………………………………… 115
（四）主要构成 …………………………………………………… 118
（五）主要属性 …………………………………………………… 120
（六）绩效分析 …………………………………………………… 122

二、我国文化产业商业生态系统演进分析 ……………………………… 125
（一）演进阶段 …………………………………………………… 125
（二）变化特点 …………………………………………………… 126

三、商业生态理论视角下的文化企业竞争战略分析 …………………… 127
（一）竞争战略基础 ……………………………………………… 127
（二）竞争战略定位 ……………………………………………… 128
（三）典型企业的竞争战略选择 ………………………………… 128

四、商业生态系统视角下的促进文化产业发展的政策思考 …………… 132
（一）决策定位 …………………………………………………… 132
（二）政策思路 …………………………………………………… 132
（三）政策建议 …………………………………………………… 133

五、案例分析：起点中文网 ………………………………… 134
六、案例分析：北京市文化产业商业生态系统分析 ………… 137
  （一）政策背景 …………………………………………… 138
  （二）北京市文化产业集聚区概况 ……………………… 141
  （三）北京市文化创意产业的商业生态系统分析 ……… 146

附　录 ………………………………………………………… 162

参考文献 ……………………………………………………… 185

后　记 ………………………………………………………… 193

第一章 绪 论

一、研究背景

早在2005年10月,我国"十一五"规划纲要中就明确提出,要加快发展服务业:坚持市场化、产业化、社会化方向,拓宽领域、扩大规模、优化结构、增强功能、规范市场,提高服务业的比重和水平。拓展生产性服务业:大力发展主要面向生产者的服务业,细化深化专业化分工,降低社会交易成本,提高资源配置效率。丰富消费性服务业:适应居民消费结构升级趋势,继续发展主要面向消费者的服务业,扩大短缺服务产品供给,满足多样化的服务需求。在此基础上,提出了促进服务业发展的政策:要打破垄断,放宽准入领域,建立公开、平等、规范的行业准入制度。鼓励社会资金投入服务业,提高非公有制经济比重。公共服务以外的领域,要按照营利性与非营利性分开的原则加快产业化改组。营利性事业单位要改制为企业,并尽快建立现代企业制度。继续推进政府机关和事业单位后勤服务社会化改革。采取积极的财税、土地、价格等政策,支持服务业关键领域、薄弱环节、新兴产业和新型业态的发展。健全服务业标准体系,推进服务业标准化。大城市要把发展服务业放在优先位置,有条件的要逐步形成服务经济为主的产业结构。五年后的 2010 年 10 月，"十二五"规划又专门将推动文化大发展大繁荣，提升国家文化软实力作为重要的发展方向，并具体地将文化创新、繁荣发展文化事业和文化产业作为服务业发展的重要领域。紧接着，2012 年 12 月 1 日，国务院又发布了《服务业发展"十二五"规划》，更详尽地从服务业发展面临的形势、总体要求、发展重点、服务业对外开放、完善服务业发展机制体制以及实施保障等方面提出了要求，彰显了国家对发展服务业的重视。2014 年 8 月，国务院首次全面部署生产性服务业发展，印发了《关于加快发展生产性服务业促进产业结构调整升级的指导意见》（以下简称《指导意见》），《指导意见》提出了引导市场主体行为的发展导向，明确了政府创造良好环境的工作重点。《指导意见》强调，要以产业转型升级需求为导向，引导企业进一步打破"大而全"、"小而全"的格局，分离和外包非核心业务，向价值链高端延伸，促进我国产业逐步由生产制造型向生产服务型转变：一是鼓励企业向产业价值链高端发展；二是推进农业生产和工业制造现代化；三是加快生产制造与信息技术服务融合。《指导意见》明确指出，现阶段我国生产性服务业重点发展研发设计、第三方物流、融资租赁、信息技术服务、节能环保服务、检验检测认证、电子商务、商务咨询、服务外包、售后服务、人力资源服务和品牌建设，并提出了发展的主要任务。可以看出，大力发展服务业，进一步提高服务业发展水平已经成为现阶段以及今后很长一段时间内产业发展的重要方向。并且，随着服务业发展的不断深化，以现代服务业为代表的新兴服务业也越来越成为经济增长和发展的重要推动力。在此背景下，本书采用商业生态系统理论来对现代服务业进行分析，并选择两个特色行业作为典型代表进行案例分析，由此得出在商业生态系统视角下发展现代服务业的对策建议。

第一章 绪 论

二、研究意义

随着经济社会的快速发展，全球经济已经进入了服务经济时代，不仅如此，服务行业中新业态的不断发展使得创新速度之快、范围之大成为前所未有的。尤其是自 20 世纪 90 年代以来，以信息通信技术为基础的互联网信息服务业已表现出强劲的增长潜力，不仅自身领域的产品服务、消费需求、商业模式、生产组织方式等方面创新不断，而且能促进上下游产业发展，培育新的经济增长点，成为经济增长的"倍增器"、发展方式转变的"转换器"和产业升级的"助推器"。随着宽带信息网络的不断普及、IP 技术的广泛使用以及互联网的迅猛发展，现代服务业当中的互联网信息服务业已经成为全球经济中创新最为活跃、发展最具活力的领域，新技术、新业务、新模式层出不穷，不仅创造出了一个个新兴的市场、新兴的产业，而且给人们日常生活、工作、商业带来巨大影响，引起了许多学者的相关讨论。但是，当前对互联网信息通信产业为代表的现代服务业的系统性研究都还在起步阶段，大多数研究局限于现象的描述，并没有进一步深入探讨现象背后的规律性问题。在全球经济一体化的背景下，行业内部的企业之间已不再像经典经济学理论或管理学理论那样，是一个个原子的单位，而是一系列相互依存、互惠互利的整体，这些事实都在呼唤以一种全新的理论或视角来对这些现象进行分析，在此基础上，我们采用商业生态系统理论（视角）来分析以互联网信息通信业为代表的一系列具有类似特征的现代服务业，以一个更新的视角来对行业内的竞争行为、商业模式、技术创新等做深入剖析，将整个行业看作是一个生物生态系统，由不同的"物种"组成，每个物种都彼此关联，每个物种都发挥着重要的作用。随着外部环境或内部环境的变化，核心物种作用会随之发生动态调整，带动围绕核心物种形成的子系统的革新变化，以适应外在或内在冲击。这种变化——适应效应会进一步传导，从一个子系统扩散到另一个子系统，从而带动整个生态系统的演进创新。除此之外，近年来大力发展的文化产业以创意创新强，增加值高为特征也越来越受到各方面的关注并得到蓬勃发展，并且文化产业也是互联网信息服务业中内容产业的重要组成部分。因此，本书将在讨论互联网信息服务业的商业生态系统后，对我国文化产业的商业生态系统做简单分析，并在认识到现象背后规律的基础上，有针对性地提出政策扶持措施，这对于夯实我国现代服务业商业生态系统的发展、突破产业发展关键"瓶颈"，塑造适合企业公平竞争的环境具有重要的指导意义。

三、研究对象和研究内容

（一）研究对象

本书主要根据商业生态系统的理论来分析现代服务业的创新，主要涉及现代服务业当中的两个典型行业：一是互联网信息服务业；二是文化产业。主要分析这两个行业的原因是与现代服务业的其他产业相比，这两个产业更具有生态系统的特征，其竞争、合作关系与生物生态系统更为接近，尤其是信息服务业，近年来被频繁用来与生物生态系统做比较。由于文化产业更多地作为信息服务业中的内容产业，并且具有较强的创意和创新性，因此本书也对文化产业的生态系统进行了分析，在已有研究的基础上，试图给出一个商业生态系统的分析框架。

（二）研究内容

本书主要在商业生态系统的框架下对我国的现代服务业进行研究，在研究过程中，主要关注两大产业，以信息通信为主的互联网信息服务业以及文化产业。

在互联网信息服务业的研究中，我们主要关注我国互联网信息服务商业生态系统的现状及演进规律，考虑到信息通信技术的革新演进以及当前产业融合发展的趋势，我们主要聚焦于基础电信和互联网领域（增值电信行业），重点分析信息通信技术对于互联网信息服务业商业生态环境的影响以及我国基础电信运营企业、互联网企业在互联网信息服务商业生态系统中的作用以及产业生态环境与构成物种之间的互动关系等。运用同一框架，在文化产业中，我们也关注了文化产业生态系统的现状和演进规律，因为文化产业涉及诸多子环境，因此在分析过程中我们选取了几个具有代表性的行业进行分析。

在具体研究过程中，我们回顾了商业生态系统相关的文献并介绍了相关理论，由于商业生态系统是新兴学科，其本身是从生物生态系统整合经济学、管理学等学科组成，因此我们在文献综述和相关理论中涉及了价值链、创新经济学、复杂网络等方面的知识，同时对现代服务业的相关理论进行了介绍。在第四章我们首先分析本书所涉及的现代服务业中的第一个行业——互联网信息服务业的商业生态系统，系统分析我国互联网信息服务业商业生态系统现状，包括商业生态环境、主要构成、主要属性和绩效；其次对我国互联网信息服务业商业生态系统演进变化进行分析，包括对演进阶段、变化特点、动力机制和实现途径等；再次对基础电信企业和互联网企业的竞争战略进行了分析，包括竞争战略的基础、定位、重点以及竞争战略选择等；最后在商业生态系统的视角下，结合我国互联网信息服务业发展实践，研究提出进一步提升我国互联网信息服务业商业生态系统竞争力的政策建议。第五章我们将目标转向文化产业的商业生态系统分析。首先，与互联网信息服务业不同，文化产业包含门类诸多的行业，因此，我们在分析过程中涉及与行业相关的部分仅仅选取了部分行业，并没有全部进行分析，在具体分析中，也是按照文化产业的生态系统的现状，包含生态环境、生态环境的主要组成部分、它的主要属性以及绩效等方面进行讨论；其次，分析文化产业生态系统的演进，通过对我国文化体制改革的回顾来对现有的文化产业的生态系统进行分析；再次，我们对部分行业文化产业中的企业竞争战略进行了分析，在商业生态系统的视角下，结合文化产业的发展，提出政策建议；最后，我们以北京市文化产业的集群化发展作为分析的案例，进一步阐述创新对文化产业（现代服务业）商业生态系统发展的重要性，在本书的附录部分列出了 2015 年 7 月 1 日发布的《国务院关于积极推进"互联网+"行动的指导意见》，这对于建立现代服务业商业生态系统具有重要的政策与实践意义。

四、研究方法与技术路线图

（一）研究方法

本书在研究过程当中，采取了几种研究分析方法：

一是实证分析和规范分析相结合。实证分析研究经济运动的实际过程，是关于经济现象"是什么"的经济理论体系，分析问题具有客观性，得出的结论可以通过经验事实进行验证。实证分析侧重研究经济体系如何运行，分析经济活动的过程、后果及向什么方向发展，而不考虑运行的结果是否可取。实证分析法在一定的假定及考虑有关经济变量之间因果关系的前提下，描述、解释或说明已观察到的事实，对有关现象将会出现的情况做出预测。客观事实是检验由实证分析法得出结论的标准。实证研究作为一种经济研究方法的基本特征是："从经济现象的分析、归纳中，概括出一些基本的理论前提假设作为逻辑分析的起点，然后在这些基于现实得出的假设基础上进行逻辑演绎，推导出一系列结论，并逐步放松一些假设，使理论结论更加接近具体事实。"

规范分析法是研究经济运行"应该是什么"的研究方法。这种方法主要依据一定的价值判断和社会目标，来探讨达到这种价值判断和社会目标的步骤。规范分析从相对独立的价值判断出发，说明经济应该如何运动，是关于经济现象"应该是什么"的经济理论体系。从法学角度或者说从法学方法论角度而言，规范分析法是以规范法学为基础的,而规范法学又是实证分析主义法学派的主要观点。

本书采用实证分析与规范分析相结合的方式,不仅归纳总结了当前我国互联网信息服务业生态系统发展的现状,探讨了应如何引导我国互联网信息服务商业生态系统提升竞争力的问题。实证分析方面,本书在对互联网信息服务业和文化产业的商业生态系统的分析过程当中,使用了大量数据来分析生态系统的现状以及生态系统内企业的生产率。此外,在文化产业商业生态系统分析的过程中,我们采用了计量经济学的方法衡量了以集群化发展的文化产业中企业的创新对集群成长的作用。

二是定性分析和案例分析相结合。定性分析指在研究社会经济现象时,凭借以往的经验,依照思维进程而推断出社会经济现象发展的规律。案例分析是指运用举例子的方法对社会经济现象中各种数量之间的依存关系进行阐述说明。本书的研究采用了定性分析方法,主要分析信息通信技术驱动下我国互联网信息服务业商业生态系统创新的动力机制和模式以及创新驱动下的文化产业生态系统的动力机制和企业的竞争战略。同时,本书还广泛运用了案例分析方法,对具体事例进行"解剖麻雀",以小见大,在互联网信息服务业商业生态系统中,分析了在线应用商店、阿里巴巴商业生态系统等案例。在文化产业生态系统中,对北京市文化产业的集群化发展进行了案例分析。

三是历史的分析方法和逻辑的方法。历史的分析方法是对事物发展的自然进程进行具体分析研究和描述的方法。逻辑的分析方法是以理论的形态和逻辑推理的方法概括地反映历史过程的研究方法。本书在分析过程中,从互联网信息服务业和文化产业行业发展的整个进程去把握,将历史研究方法和逻辑研究方法相结合,使得相关研究结论既是逻辑推演的结果也是生态系统发展趋势的必然反映。

(二) 技术路线图

本书的技术路线图如图 1-1 所示。

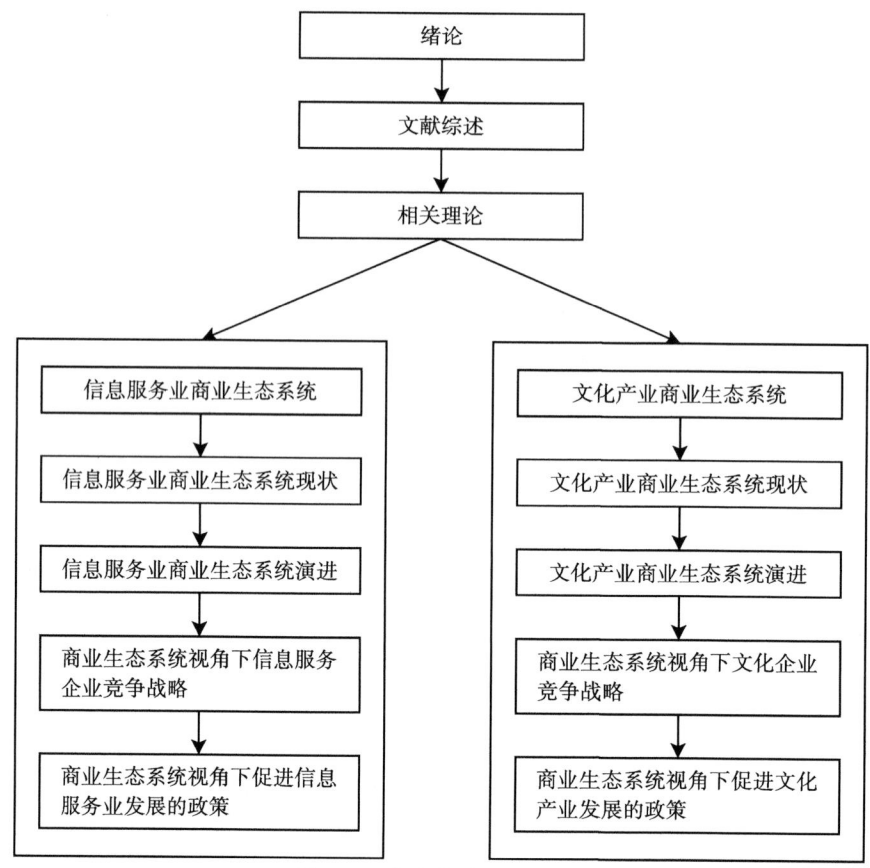

图1-1 本书的技术路线图

第二章 文献综述

要研究现代服务业的商业生态系统,就必须要回顾商业生态系统及其相关理论发展的已有研究,由于商业生态系统是一门新兴的理论,其内容包含诸多领域,本章将梳理这些理论的已有研究成果,并对其进行简单介绍。

一、商业生态系统概念

当经济行为从独立个体行为走向相互联系的网络经济时,商业策略的研究也逐渐演化并包含多维视角来理解组织间的持续互动关系和行为(Ghisi & Martinelli,2006)。原先的在一般市场中以原子个体单位的竞争关系研究已不足以研究当前的包含社会网络、专业化网络和与其他公司的关系网络中的竞争合作关系(Granovetter,1985;Gulati,1998;Galaskiewicsz & Zaheer,1999;Gulati 等,2000)。同时,社会环境也不再是无特征的、原子的,而是超越了组织的影响,作为企业管理策略的重要组成部分(Hakansson & Shenota,2006)。

商业生态系统是美国战略专家 James F. Moore 在 1993 年的《哈佛商业评论》上发表的《捕食者与被捕食者:竞争的新生态学》一文中首次提出的,明确商业生态系统是以组织和个人的相互作用为基础的经济联合体。Moore(1993、1996)

认为，商业生态系统是一个理解经济群落如何运转的概念。他将商业群落称为商业生态系统并且将这个概念替代了原先的产业概念。除了 Moore 之外，还有很多学者也讨论了商业生态系统的概念。Iansiti & Levien（2004）没有将注意力放在对商业生态系统的定义上，而是发展了一个理解商业网络的视角。这个视角提供了一些丰富的和有用的术语和强大的洞察力来对商业网络进行研究。他们试图借用生态系统中的概念来理解这个商业网络。他们认为在很多方面，生物生态系统可以看作是从理论层面上理解网络世界中的策略以及机会和挑战的简单的类比和隐喻。他们认为概念化商业网络的很好的方法就是将它与生物生态网络相比较，因为生态系统的很多特征，如结构、成员间的关系、关系的类型、成员的角色的不同等都和商业网络有惊人的类似之处。商业生态系统主要强调经济主体间的相互联系，即经济主体之间为了生存和发展而相互依赖的特征（Peltoniemi，2005；Den Hartigh & Van Asseldonk，2004）。相对于其他经济学和管理学理论，商业生态系统仍然是一个相对较新的研究领域，不同的学者使用不同的概念、研究视角和目标。以下我们分别介绍不同学者是如何定义商业生态系统的，以及他们的研究视角和研究对象又是如何。

Moore（1993）认为，商业生态系统的概念是以创新视角来分析集中协同进化的微观经济主体。商业生态系统范围包含广泛的行业、产业。这些产业中的企业协同进化并创新、合作和竞争性地生产新的产品，满足消费者需求，整合下一轮的创新等能力。他的研究对象是商业网络，使用的是理论分析，试图去理解使用生物学的生态系统来解释策略逻辑的变化。Moore（1996）的著作中又进一步分析如何尝试用生物学的生态系统来描述一家公司在商业生态系统中如何失败或成为领导者，但并没有给出在商业生态系统中复杂关系机制的解释。在其 1996 年的另一篇文章中，他讨论了商业生态系统内企业进行策略决策的框架。强调创新要求企业可以通过合作、联盟或者标准等途径与其他合作者的共同进化，并提出议价能力是赢家和胜利者的关键因素。商业生态系统中企业的潜力来源为议价能力、持续的创新、对商业生态系统的嵌入性等。

Iansiti & Levien（2004）认为，现代行业中高度分散化和网络化的结构只是

第二章 文献综述

最近的现象,这种现象要求一种新的框架首先来思考这些行业的健康性和构成。在这样的网络化结构中,有大量不同的组织置身其中,它们为消费者生产产品,这使得它们背负着与生产出来的产品共同连接的命运。这就是这种类型的网络与生态网络相类似的地方,因此,迫切需要一种新的框架来描述产业的健康和构成。商业生态系统由一系列大型的、松散的、互相联系的网络主体构成,它们之间以一种复杂的方式来相互作用,并且企业行为的稳健性依赖于整个生态系统的稳健性。他们的研究对象是商业生态系统中的企业,采用理论分析方法,并且提供了衡量公司所处生态系统的健康状况和决定公司所处的位置以及与其角色相适应的一系列策略的框架。同年,Iansiti & Levien(2004)的文章中进一步采用了实证分析,提出了商业生态系统健康性的衡量标准,但他们的研究依旧是描述性的,并未阐述生态系统内部主体之间复杂关系的潜在机制。在他们的分析过程中,借用生物生态系统的概念,商业生态系统中的不同角色被定义为核心物种、支配者和生态位参与者。Iansiti & Levien 的研究表明商业网络很少是同质的,并且他们的成员的行为不同,地位也是不均等的。

Peltoniemi(2004)认为,商业生态系统概念在分析现代具有互相联系特征的商业系统的系统性和特征时给出全面的和系统的分析是十分有益的。他研究的对象是整个商业生态系统。他从理论角度界定商业生态系统与产业集群、价值网之间的关系。随后,Peltoniemi & Vuori(2005)的一篇文章中定义商业生态系统是一个动态的结构,它由一大群相互连接的组织构成,可能是小企业、大企业、大学、研究中心、公共服务组织以及其他能够影响到系统的组织。商业生态系统被定义为包含众多组织的系统。此定义试图从说明系统的复杂性逻辑方面来定义商业生态系统。同年,Peltoniemi(2005)再次定义了商业是生态系统,包含众多的参与者,这其中有公司和其他组织。他们之间相互联系相互影响。这种相互关联性在成员中又衍生出各种各样的合作与互动。这些互动可以是竞争性的和合作性的。这种相互关联性还会使得他们之间的命运是相连的,成员之间相互依赖。其他组织的失败可能会导致这一类企业的失败。生态系统中的成员能够在他们自己的位置上做出有意识的决定。企业把目标瞄准为创新和商业成功,他们希望利用其他成员的优势和能力。生态系统通过自我组构、上升和协同进化来帮助他们获得适应性以进行发展。商业生态系统会耦合到他们的环境中，所以系统的变化很迅速并且难以预料，这是非常具有挑战性的。所以，商业生态系统是一个动态的结构并且随着时间的推移不断进化和发展。他的分析主要集中在以概念性的方式分析组织和数量层面上的群体关系。这个定义不仅表述了商业生态系统的组成，而且分析了生态系统在组织和数量层面上的组织群体关系，为研究组织群体的行为和发展提供了理论的分析框架。

Den Hartigh & Van Asseldonk（2004）认为，商业生态系统是围绕着核心技术的供给者和消费者的网络，他们之间为了生存和成功相互依赖。该定义的分析目标是商业网络中的企业，并在其研究中给出了分析网络结构、公司战略、创新模式等关系的研究框架。

Vuori（2005）认为，商业生态系统包含相互联系的组织群体。他分析的对象是知识密集型组织在商业生态系统中的组成部分以及关系，并讨论了知识密集型组织作为商业系统中的组成部分的角色和与其他组织的互动关系。

Quaadgras（2005）认为，商业生态系统是由许多企业参与的产品和服务的复杂组合，并且这些公司中没有主导型企业。该研究中的研究对象是联盟或者公司关系，其认为生态系统只能在网络中使用。

可以看出，不同学者关注的视角不同，对商业生态系统概念的内涵和外延也有所不同。有的侧重于整个生态系统的研究，有的侧重于系统内主体之间互动关系的研究。

Moore（1996）、Iansiti & Levien（2004）认为，商业生态系统提供了一个新的视角，使我们看到了一些从传统战略管理或者网络视角中看不到的东西，如以下几个方面：

（1）网络并不是公司潜在的外部危险，而会成为公司重生的关键。

（2）商业生态系统不仅仅考察公司或者组织间在商业网络中的关系，也定义了他们的角色和他们为了维持自身和系统的稳健可遵循的策略，而传统的网络视角更多地关注网络成员的互动但较少关注其角色和遵循的策略。

(3) 商业生态系统认为，协作和竞争以及他们之间的相互作用对企业的生存和他们所处的网络环境都是非常重要的。

国内学者在 Moore 等其他国外学者对商业生态系统研究的背景下，也从不同角度进行了研究。王兴元（2005）对商业生态系统理论的产生与发展，以及商业生态系统的机构、分析框架以及发展阶段策略等内容进行了综述，认为商业生态系统理论突破了传统的企业竞争理论，表现在以下几个方面：以领导企业为核心的商业联合体为研究对象，探讨其形成和演化机制等，通过对商业生态系统的研究可以了解企业垄断趋势及结构状态，提出新的竞争合作理论；将生态学方法应用于商业系统研究，引入了多样性、边界等概念为描述商业运行提供了有力工具；提出了如何创造一个商业生态系统的原理与方法；突破了传统分析方法在现代商业分析中的局限性，为产业组织分析提供了新的理论框架；是新近出现的供应链理论战略联盟理论的进一步发展。在实践中，商业生态系统理论为企业创造商业生态系统指明了方向，并提供途径与方法；为我国企业进行名牌战略规划提供了新的框架；为企业识别市场机会与风险、进行正确市场定位与市场竞争提供了工具；为新的商业模式形成及行业管理提供了思考方法；为区域经济发展提供了模式，为社会经济研究提供了新的借鉴。杜国柱、舒华英（2007）对商业生态系统理论研究进行了梳理，分别从商业生态系统的概念框架、生态系统特性、商业生态系统理论方向总结了国内外学者的研究成果，并认为现有研究存在着对商业生态系统概念不统一、研究框架和理论体系不明晰的缺陷；研究尚停留在将生态学概念加以修订后应用于企业环境分析，或是分析商业生态系统演化的基本机理和表象，对商业生态系统深层次的内部运行机理、模型研究还非常少，对商业生态系统结构、功能的定量化研究还较少；理论研究的深度距离解决实际问题还有较大差距等问题，并认为下一步研究应着重放在商业生态系统演化机理、衡量商业生态系统特性的指标体系、商业生态系统诊断与方法以及商业生态系统仿真与模拟上。杜国柱、王博涛（2007）在总结了国内外相关学者的研究后，对商业生态系统和自然生态系统进行了比较分析，将这两类系统从系统外部环境、系统内部构成、系统特性、系统功能、系统演化（进化）等方面共计27个考察点进行分析,认为商业生态系统和自然生态系统的共性在于以下几个方面:在系统类型方面,这二者都是生态系统、复杂自适应性系统;在系统特性方面,这二者具有复杂自适应性系统的十个特性:自组织、涌现性、交互性、相互依赖性、具有反馈环、远离平衡态、不断开拓可能性空间、共同进化、历史的偶然性或"蝴蝶效应"、路径依赖性,作为生态系统,两类系统都对环境具有依赖性,具有自我调节能力和稳定性,系统内的主体有共生关系,在自然生态系统中,有生产者、消费者、分解者,不同主体占据不同"生态位",在商业生态系统中,有关企业在价值链、价值网络中占据不同的"生态位";在系统演化机制方面,这两类系统中主体与环境之间(包括主体与主体之间)的相互作用和相互影响是系统演化和演化的主要动力,系统演化动力是基本类似的。它们的区别在于,商业生态系统作为一类"人工生态系统",具有许多社会经济系统的特性。通过分析,商业生态系统与自然生态系统最主要的差别可以归结为两个方面:一是系统内主体的差异,由于商业生态系统中的各参与主体具有高度的智能性,因此在进化过程中整个系统的进化速度和进化能力都与自然生态系统有很大的差别,如通过知识共享、企业文化等方面完成系统的进化;二是系统演化的物质基础的差异,与自然生态系统不同,商业生态系统演化的物质基础来源于既有的外部市场需求,也有企业内部、行业内部以及系统内部积累的科技知识,二者都具有动态性,自然生态系统主要依赖于固定的外部自然资源,因此其演化基础存在较大差异。钟耕深、崔祯珍(2009)认为,商业生态系统不仅与自然生态系统不同,而且在成员的地域性、成员间关系、涉及的行业、知识共享、控制机制、价值形成、创新等方面与集群、价值网络也有所不同,它具有自组织、涌现性、协同进化、适应性等基本特性。商业生态系统的结构可以从两个视角加以考察:一是根据系统内成员关系的紧密性和重要性,商业生态系统可以分为核心生态系统、竞争系统、支持系统、社会以及自然环境系统等四个子系统;二是根据在各自商业网络中扮演角色的不同,企业可分为网络核心型、支配主宰型、坐收其利型和缝隙型四个类型。企业因商业生态系统的阶段不同以及各自扮演的角色不同而具有不同的预期和战略。商业生态系统理论的发展方向主要表现在对商业生态系统中子系统的研究、商业生态系统的模拟与仿真以及其他理论在商业生态系统视角下如何发展等方面。潘剑英、王重鸣（2012）归纳了商业生态系统概念内涵与特征的发展演进过程，然后回顾了之前有关商业生态系统典型结构模型、商业生态系统内部交互机制模型、健康状况评价模型、内部企业角色——战略匹配模型以及商业生态系统旗舰企业战略选择模型及其相互联系，对这些模型进行了比较分析，并在此基础上提出了一个跨层次整合模型。

在实证方面，李东（2008）将商业生态系统的进化机制分解为吸引（排斥）—进入（脱离）—成长（衰退）等环节，开发了一个三维度的系统进化性能描述模型。根据模型对国内外 33 个核心企业所构建的商业生态系统进行了实证描述和聚类处理，归纳出广阔草原型、带状森林型、山丘森林型和簇状丛林型等四种典型商业生态系统类型，并针对性地分析了这四类生态系统的总体性质、进化条件和退化风险，并由此归纳了商业生态系统战略的策略维度，以及由不同的策略组合所影响的系统进化路径类型。李强、揭筱纹（2013）剖析了商业生态系统健康状况对企业战略行为的催化机制，探究了商业生态系统健康状况对企业价值的影响以及企业战略行为对价值创造的作用，并构建了"信息技术商业生态系统健康—战略行为—企业价值"范式，采用 Iansiti & Levien（2004）的相关理论设计调查问卷，通过 178 个样本的实证分析，得出信息技术的商业生态系统健康对企业战略行为有积极的刺激作用，对企业价值创造有比较显著的推动作用，企业战略行为对促进价值创造有显著作用。

二、商业生态系统与商业网络的关系

从上文不同学者对商业生态系统的定义和理解中可以看出，除了商业生态系统概念以外，还有一个问题就是商业生态系统和商业网络之间的关系，对商业生态系统的讨论是基于商业网络的出现而开始的。商业生态系统的定义强调经济主体间的互动，以及他们之间为了生存和成功相互依赖的事实（Peltoniemi，2005；Den Hartigh & Van Asseldonk，2004）。Moore（1993）、Iansiti & Levien（2002、2004）引入了商业生态系统这个概念丰富了对商业网络的研究，将企业放在一个更广阔的环境中进行讨论，强调企业个体的角色以及企业嵌入的整体系统健康的重要性。从这个意义上来看，商业生态系统似乎包含商业网络，这种方法涵盖的研究范围更大。那么，商业生态系统究竟是一种新的具有一定特性和关系的实际存在的形式还是商业网络的一种具体化形式呢？如图2-1所示，根据Moore的观点，商业生态系统的组成部分包含所有者、利益相关者以及其他一些重要的"物种"，如政府、其他组织和标准化机构等。作为一种比喻，商业生态系统概念可以加强我们对商业网络的研究并提供一些创造性的想法。将商业网络看作生态系统为我们提供了研究组织间的结构、互动和交换的新的视角。在这种背景下，分析的重点自然而然地变为对系统层面的关系、互动以及动态性的研究。系统中的公司可以通过各种方式来增进自身的绩效，同时他们的行为也会通过系统进行扩散，影响系统的健康性，反过来再影响公司自身的稳健性。

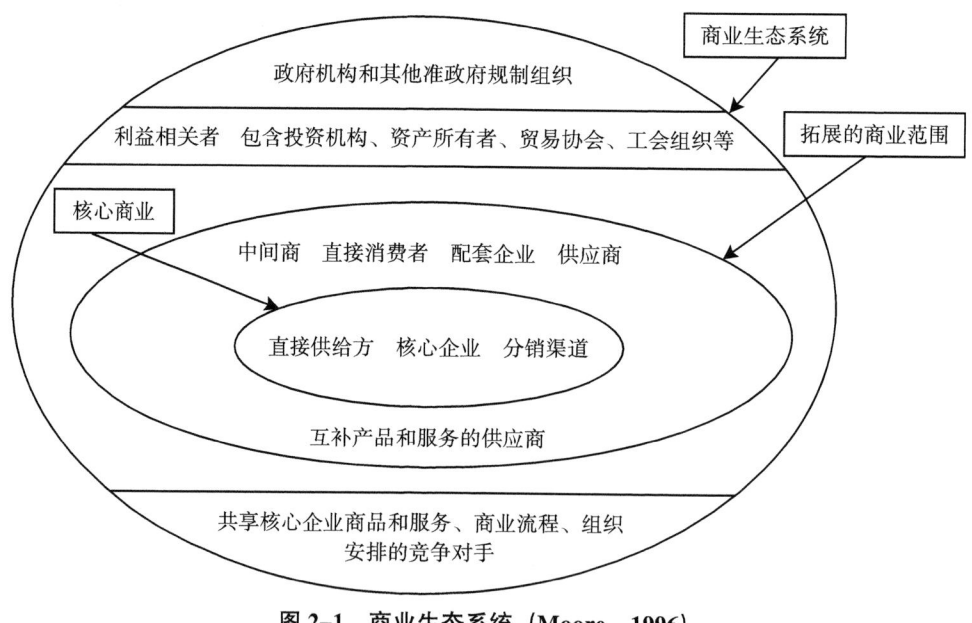

图2-1　商业生态系统（Moore，1996）

与 Moore 不同的是，Iansiti & Levien（2004）只是认为生态系统是理解商业网络的一个非常有用的视角。他们提供了一些生动的例子、术语和观点来研究商业网络中企业的策略。他们只是从生物生态系统中借用一些术语和观点来解释商业网络。Iansiti & Levien 认为，概念化商业网络的一种特殊而有效的方式就是将其与生物生态系统做比较，因为在一些具体特征上，如结构、成员间的关系、成员间连接的类型、成员间角色的差别等都与商业网络有类似之处，但是他们并没有明确地表示产业就等同于生态系统，也并不认为商业网络就等同于生态系统。

我们认为，商业生态系统和商业网络之间的区别不在于研究的对象，而在于分析互相联系的商业主体的视角。换一种说法，也就是我们所考察的商业主体和他们环境之间的关系和互动，以及生态系统中主体的利益和角色以及为达到共同目标的互动行为的机制方面的认识是不同的。因此，在本书中，我们可以将商业生态系统概念作为一个理解商业网络的新视角，而不是作为一个新的组织形式。这个视角可以提供一个从网络视角理解组织间关系的不同的逻辑。商业生态系统视角提供了一个对商业网络和描述他们的机制和关系的整体视角。商业生态系统的概念能够加深我们对商业网络的理解并能够提供一些创造性的想法。将商业网络看作生态系统对研究组织结构、合作和交换提供了新的视角。将产业部门间的行为看作是系统水平上的组织、技术、消费者和产品的互相联系（Gundlach，2006）。也就是说，商业生态系统和商业网络都是研究相互联系的商业主体和其所处环境的互动关系的视角，只不过商业生态系统是从生态角度来理解这些关系，并且站在一个比商业网络更高的层次上来理解这些关系，并且，商业生态系统还吸收了商业网络研究中的很多成果，如采用了网络经济学的方法。

第三章 商业生态系统与现代服务业相关理论

一、商业生态系统相关理论

在第二章的文献综述中,我们知道商业生态系统这个概念最早由 Moore (1993、1996) 提出,之后有很多研究基于不同视角和方法拓展了这个概念。商业生态系统主要强调经济主体间的相互联系,即经济主体之间为了生存和发展而相互依赖的特征 (Peltoniemi, 2005; Den Hartigh & Van Asseldonk, 2004)。当 Moore (1993、1996)、Iansiti & Levien (2004) 引入了商业生态系统的概念之后,企业被看作一个更大的环境和其他主体互相联系的部分,并强调个体公司的角色和公司所处系统集体健康的重要性。还讨论了商业生态系统的构成、特征以及治理等相关方面的内容。

商业生态系统理论的研究起步较晚,它是在管理学、经济学的基础上,吸取了生物生态学、价值链理论、网络经济学、复杂自适应性系统等系统科学理论而形成的,到目前为止还没有形成一套统一、完整的理论,为了便于后面几章的分析,以下就对这些理论做简单介绍。

（一）生态学理论

1. 生态学概念

生态学也称为生物、生命系统与环境科学。早在1866年就已由德国生物学家恩斯特·海克尔定义，他认为生态学是研究生物体与其周围环境（包括非生物环境和生物环境）相互关系的科学。生物的生存、活动、繁殖需要一定的空间、物质与能量。生物在长期进化过程中，逐渐形成对周围环境某些物理条件和化学成分，如空气、光照、水分、热量和无机盐类等的特殊需要。各种生物所需要的物质、能量以及它们所适应的理化条件是不同的，并且任何生物的生存都不是孤立的：同种个体之间互助有竞争；植物、动物、微生物之间也存在复杂的相生相克关系。近代生态学研究的范围，除生物个体、种群和生物群落外，已扩大到包括人类社会在内的多种类型生态系统的复合系统，并在研究过程当中，借鉴了系统论、控制论、信息论的概念和方法，是一门比较完整和独立的学科。

2. 生态系统概念

1935年，英国Tansley首先提出了生态系统的概念，指"在一定的空间和时间内，在各种生物之间以及生物与无机环境之间，通过物质循环和能量流动而相互作用的一个自然系统"。用现在的定义来看，就是指在自然界的一定的空间内，生物与环境构成的统一整体，在这个统一整体中，生物与环境之间相互影响、相互制约，并在一定时期内处于相对稳定的动态平衡状态。随着生态学的发展，生态学家认为生物与环境是不可侵害的整体，应把生物与环境看作一个整体来研究，定义生态学是"研究生态系统结构与功能的科学"，主要研究一定区域内生物的种类、数量、生物量、生活史和空间分布，环境因素对生物的作用及生物对环境的反作用，生态系统中能量流动和物质循环的规律等。

3. 生态系统组成成分

生态系统的组成成分包括：非生物的物质和能量、生产者、分解者、消费者。其中生产者为主要成分。无机环境是一个生态系统的基础，其条件的好坏直接决定生态系统的复杂程度和其中生物群落的丰富度；生物群落反作用于无机环境,生物群落在生态系统中既在适应环境,也在改变周边环境的面貌,各种基础物质将生物群落与无机环境紧密联系在一起,而生物群落的初生演替甚至可以把一片荒凉的裸地变为水草丰美的绿洲。生态系统各个成分的紧密联系,使生态系统成为具有一定功能的有机整体。生产者在生物学分类上主要是各种绿色植物,也包括化能合成细菌与光合细菌,它们都是自养生物,植物与光合细菌利用太阳能进行光合作用合成有机物,化能合成细菌利用某些物质氧化还原反应释放的能量合成有机物,例如,硝化细菌通过将氨氧化为硝酸盐的方式利用化学能合成有机物。生产者在生物群落中起基础性作用,它们将无机环境中的能量同化,同化量就是输入生态系统的总能量,维系着整个生态系统的稳定,其中,各种绿色植物还能为各种生物提供栖息、繁殖的场所。生产者是生态系统的主要成分,是连接无机环境和生物群落的桥梁。分解者又称"还原者",它们是一类异养生物,以各种细菌(寄生的细菌属于消费者,腐生的细菌属于分解者)和真菌为主,也包含屎壳郎、蚯蚓等腐生动物。分解者可以将生态系统中的各种无生命的复杂有机质(尸体、粪便等)分解成水、二氧化碳、铵盐等可以被生产者重新利用的物质,完成物质的循环,因此分解者、生产者与无机环境就可以构成一个简单的生态系统。分解者是生态系统的必要成分,是连接生物群落和无机环境的桥梁。消费者指以动植物为食的异养生物,消费者的范围非常广,包括了几乎所有动物和部分微生物(主要有真细菌),它们通过捕食和寄生关系在生态系统中传递能量,其中,以生产者为食的消费者被称为初级消费者,以初级消费者为食的被称为次级消费者,其后还有三级消费者与四级消费者,同一种消费者在一个复杂的生态系统中可能充当多个级别,杂食性动物尤为如此,它们可能既吃植物(充当初级消费者)又吃各种食草动物(充当次级消费者),有的生物所充当的消费者级别还会随季节变化。

4. 生态系统的层次划分

生态学中把生态系统分成四个层次:个体、种群、群落和生态系统。个体是指若干个器官和系统协同完成复杂生命活动的单个生物。一个细菌、一棵植物、一个动物等指的都是一个生物个体,生物在个体水平上具有一系列特征,如能够进行新陈代谢，实现自我更新，在新陈代谢的基础上，表现出生长、发育、衰老、死亡等。种群（Population）指在一定时间内占据一定空间的同种生物的所有个体。种群中的个体并不是机械地集合在一起，而是可以彼此交配，并通过繁殖将各自的基因传给后代。种群是进化的基本单位，同一种群的所有生物共用一个基因库。群落（Community）亦称生物群落（Biological Community），生物群落是指具有直接或间接关系的多种生物种群的有规律的组合，具有复杂的种间关系。我们把在一定生活环境中的所有生物种群的总和叫做生物群落。组成群落的各种生物种群不是任意地拼凑在一起的，而是有规律地组合在一起才能形成一个稳定的群落。生态系统是同一空间中生物群落和非生物环境的复合。

一个生物群落中的任何物种都与其他物种存在着相互依赖和相互制约的关系。常见的有：

食物链。居于相邻环节的两物种的数量比例有保持相对稳定的趋势。如捕食者的生存依赖于被捕食者，其数量也受被捕食者的制约；而被捕食者的生存和数量也同样受捕食者的制约。两者间的数量保持相对稳定。

竞争。物种间常因利用同一资源而发生竞争，如植物间争光、争空间、争水、争土壤养分；动物间争食物、争栖居地等。在长期进化中，竞争促进了物种的生态特性的分化，结果使竞争关系得到缓和，并使生物群落产生出一定的结构。如森林中既有高大喜阳的乔木，又有矮小耐阴的灌木，各得其所；林中动物或有昼出夜出之分，或有食性差异，互不干扰。

互利共生。如地衣中菌藻相依为生，大型草食动物依赖胃肠道中寄生的微生物帮助消化，以及蚁和蚜虫的共生关系等，都表现了物种间的相互依赖的关系。

以上几种关系使生物群落表现出复杂而稳定的结构，即生态平衡，平衡的破坏常可能导致某种生物资源的永久性丧失。

（二）网络经济学

网络经济的内涵，从狭义上来讲，网络经济即指现代通信网络、电子计算机网络等各种网络部门及部门内的一切经济活动；从广义上来理解，网络经济是指建立在由现代通信网络、电子计算机网络及各种资源配置网络所形成的综合性全球信息网络基础之上的一国乃至世界范围内的一切经济活动。不仅包括物质的，也包括非物质的。从技术创新以及引致的第三次产业革命加速了经济范式转变进程来理解，网络经济是人类历史上又一次经济革命，又一次社会生产方式的革命，是一次影响深远的经济范式转型，即从工业经济社会向信息、数字和知识经济社会转型。网络经济则是这种转型的产物，网络经济在形式上表现为数字经济，在内容上表现为信息和知识经济。网络经济实际上不仅是一种经济现象。网络经济学是以瑞典学者为主创立的理论，与20世纪60年代的网络研究有很大的渊源，到20世纪90年代初，网络经济学理论框架初现雏形。该学派的主要思想体现在1994年编辑并出版的学术论文集《网络经济的模式》一书中。在该书中，将网络理解为经济代理人之间合作与共担风险的交互结构（Johansson 等，1994），从网络角度透视各种经济关系，把经济网络（Economy Network）作为其研究的基本单位和出发点。在这种经济网络中，构成一个网络节点的可能是个人、企业或组织，也可能是城市或国家。而两个节点之间的连接被定义为"对明确或隐含的长期合同交互能力的投资"，是一种"无形的资本结构"。耐用性是经济连接的最基本的特征，因此，经济网络通常可以被看成是一种非物质的基础设施。该理论认为，网络经济学研究的是通信系统、经济网络和社会之间日益增强的交互作用。该研究的核心问题包括：经济网络为什么产生，什么时候产生，如何维护经济网络，以及经济网络进化、合作和竞争的方式、毁灭的原因等。关于网络、网络模式的构成和网络进化的研究涉及贸易网络、生产网络、公司网络、创新网络、知识网络和技术网络等。从整体上看，网络经济学属于理论经济学的研究范畴。网络经济学认为"网络"在社会生活中越来越重要的原因基于以下三个相互交织的变化过程：一是人类交往的复杂性和强度日益增加；二是地理范围作为经济活动决定因素的重要性日益下降；三是在复杂环境中，定制商品的发展使得市场在处理企业之间的关系时出现失灵。推动以上三个变化的基本力量来自交通条件的改善和通信技术的发展。由于交通、信息处理和产品运输条件的迅速转变，加上通信发展所提供的新机会，地域上并不相邻的经济代理人之间的经济关系得到深入发展。各种新产品和富有弹性的制造和运输系统创造了新风险的直接反应,经济日益趋于网络化。其实,网络经济学是从"网络"视角透视一个经济体的各种经济现象,并不是经济体的一部分,正如我们后面所要提到的商业生态系统理论并不是一个新的组织,而只是用生态系统的视角来研究商业网络,并从一个更高的层面上去研究商业网络。

在网络经济学中,有以下三大经济技术规律。一是以梅特卡夫法为例,网络经济的价值等于网络节点数的平方,网络产生的效益将随着网络用户的增加而呈指数形式增长;二是马太效应,在网络经济中,在行为惯性的作用下,优势或劣势一旦出现并达到一定程度,就会导致不断加剧而自行强化,出现"强者更强,弱者更弱"的垄断局面;三是边际服务成本递减规律,信息网络的平均运维成本随着入网人数的增加而明显递减,其边际成本则随之递减。由于上述经济技术特点的存在,在网络经济中,互联网企业的成长表现出很强的非线性的增长方式,面临的环境变化风险也是呈非线性变化的。

(三) 价值链相关理论

1. 全球价值链概念

价值链的概念最早可追溯到 1985 年,由波特在其代表性著作《竞争优势》中提出的,他认为在分析公司行为和竞争优势时,公司在价值创造过程中主要由基本活动(含生产、营销、运输和售后服务等)和支持性活动(含原材料供应、技术、人力资源和财务等)两部分组成,这些活动在公司价值创造过程中是相互联系的,由此构成公司价值创造的行为链条,这一链条就称为价值链。1994 年,Gereffi 等学者在波特的价值论基础上又提出了全球商品链(Global Commodity Chain,GCC)的概念,认为在全球经济一体化和专业化分工背景下,全球不同的企业在由产品的设计、生产和营销等行为组成的价值链条中开展合作。全球价值链是在结合公司内部生产经营活动中的价值创造环节的价值链理论和全球商品链等理论的基础上产生的。联合国工业发展组织(UNIDO)在《2000~2003 年工业发展报告》中指出,全球价值链是指为实现商品或服务价值将生产、销售、回收处理等过程连接起来的全球性跨企业的网络组织，整个价值链从原料采集和运输、半成品和成品的生产和分销，直至最终消费和回收处理的整个过程，包含所有参与者和生产销售等活动的组织和价值及利润分配。根据波特的价值链理论，产品从设计、原材料采购到最终的回收环节是一个不同价值增值活动串联的过程，不同的环节价值增量不同，同时，每一个环节还需要资金、物流、知识和技术等服务的维持。一般认为，生产环节本身只需要标准化和常规的技术，价值增值较低，而设计、研发、营销等环节需要大量的专业知识，价值增值较高。为了节约成本，跨国公司和全球采购商纷纷将核心竞争力（如设计、研发等）以外的流程外包，在全球范围内选取生产制造基地，形成了国际化的生产体系。

2. 全球价值链的驱动

Gereffi 延续了其商品链的研究成果，认为全球价值链驱动主要包括生产者驱动和采购商驱动。生产者驱动，是指由生产厂的投资活动来推动市场需求，形成本地生产供应链的垂直分工体系，这里的生产者可以是拥有技术优势并扩大市场范围的跨国公司，也可以是推动地方经济发展的本国或者地方政府。在生产者驱动的全球价值链中，跨国公司通过全球市场网络来组织商品和服务的销售、外包等链条活动，从而形成以生产者为主导的全球生产网络体系。在这种情况下，附加在商品链上的价值增值主要集中在生产领域。购买者驱动即采购者驱动，一般是指具有强大品牌优势和国内销售渠道的发达国家企业（尤其是大型跨国企业，如沃尔玛、家乐福等）通过全球采购和 OEM 等生产组织起来的跨国商品流通网络来形成巨大的市场需求，拉动一些采取出口导向型战略的发展中国家和地区的经济发展。在采购者驱动下，企业总部设在核心国家，生产集中在具有劳动禀赋优势的低薪资的发展中国家。由于组织全球生产和分销的核心企业是购买者（大型零售商），这些品牌商和零售商即为价值链的核心和动力来源，因此价值链中大部分价值的增值流向市场销售和品牌化等流通领域而不是流向生产领域（Henderson，1998）。张辉（2006）认为还应有一种价值链驱动形式——位于生产者驱动与采购商驱动之间的"中间型"或"混合型"驱动模式，相对于生产者驱动和采购商驱动，混合驱动型全球价值链是将前两者相结合的一种类型。因此，附加在商品链上的价值增值也不会偏向任何一方,而是在生产领域和流通领域都有偏重。

3. 全球价值链的治理

价值链治理指的是对产品、工艺、技术以及参与资格等的限制,这些限制影响到价值链上的所有活动、参与者及其地位和功能。治理保证了价值链上的生产经营活动并不是偶然的一次性的市场活动的简单连接,而是有组织性的。由于不同的国家不同的企业在价值链中所处的地位不同,因此,不同的治理模式会直接影响到发展中国家企业的前景(John Humphrey & Hubert Schmitz,2000)。根据全球价值链中主体之间协调能力的高低,以及交易所需知识和信息的复杂程度,关于产品与过程的说明、知识和信息可以被整理的程度、与交易需要有关的真实和潜在的供应能力这三个要素,Gereffi(1999、2003)将全球价值链治理模式主要划分为五种,分别为市场型、关系型、模块型、领导型和等级制。在这五种治理模式中,市场型和等级制分别处于价值链中行为体之间协调能力的最低和最高端。在市场型治理模式下的全球价值链中,市场作为资源配置的基本方式,调节价值链中的各个参与主体行为的是价格水平。在这种治理模式下,各个产业集群(产业)间是相互独立的,没有等级制度,相互之间也不存在隶属关系。等级制是价值链中行为主体之间协调能力的最高端,以企业制度为典型,运行的核心就是上下级的管理控制,但这里提到的等级制和企业内部的上下级控制关系有所区别,主要指的是在产业链条中,各个地方产业集群之间的关系是类似于企业制度的上下级控制关系,但这种等级控制并不以产权隶属为前提,上级产业集群对下级产业集群的控制不以拥有下级产业集群的产权为前提,虽然如此,下级产业集群如果试图摆脱上级产业集群的控制则需要面临较高的转换成本。关系型治理模式中,企业一般是通过声誉、地方文化、政策等特定的地方制度环境聚集在一起的,一般会表现出很强的社会同构性、空间临近性等特性。因此该治理模式价值链中各个行为主体之间的信息交流也依靠于地方制度环境。模块型中的模块是指可系统化的,承担确定功能的半自律性的子系统,通过和其他同样的子系统按照一定的规则相互联系而构成更加复杂的系统或过程(青木昌彦,2003)。模块化是系统的分解与集成,是追求创新效率与集约交易费用的分工形式,不过承担具体模块的经济体不但要能在既定的规则下完成该环节，而且要在该环节中有很好的创新和突破（钱平凡、黄川川，2003）。因此，模块型治理模式中虽然厂商会根据客户的要求来提供产品和服务，不过企业可以依托自身的加工技术和限制投资专用性的非特殊设备来为客户提供关键性产品和服务。在模块型治理中，模块企业和客户之间存在信息不对称，交易中所需要的监督和控制程度都较低。相对于关系型治理结构，模块型所承担的价值环节中生产、设计等方面有更大的弹性空间。领导型治理模式中众多中小企业主要依附于几个大型企业。如果要改变这种依附关系，中小企业是要付出较高转换成本的，因此在这种模式中中小型企业是被大企业俘获的。大型企业对中小企业的俘获能力主要原因是双方市场和技术是不对称的。在这种模式下，大型企业对中小型企业有很强的监督和控制力。与Gereffi不同的是，John Humphrey和Hubert Schmitz（2000）将价值链的治理模式划分为四类：市场型，采购商与供应商没有紧密的关系，产品是标准的，没有特殊交易的专用资产；网络型，公司间的合作关系更具信息传递特色，他们的重复性交易使得采购商会对特定产品标准或者工艺标准提出要求，并且相信供应商能够符合这些要求；准层级型，这种治理模式常常发生在发达国家的采购商对发展中国家的生产商的控制中；等级制，领导企业直接拥有链条上某些公司的所有权，最典型的实例就是跨国公司和其子公司间的内部贸易。

4. 价值链的整合

随着企业生产规模逐步扩大，市场势力会随之不断增强，在达到某种程度时就会产生垄断，市场组织结构随之发生变化。企业扩大自身市场势力的一种有效手段，就是进行价值链整合，实现生产经营的垂直一体化，已达到对整个产业链的控制。George（2002）认为，"企业边界是随着技术变迁而发生变化的，在早期，企业并购掌握核心技术的单位是有利的，可以使企业尽快获取新技术；但当技术变化出现重大变革时，原有技术面临被淘汰的风险，此时非一体化战略是一个更好的选择"。在信息经济（知识经济）条件下，价值链整合更具战略意义。芮明杰等（2006）分析了模块化体系中价值链知识整合机制，通过引入动态知识价值链，构建了一个新的知识创新模型。模块化的生产组织体系契合了信息通信产业领域主要技术经济的特点，基于模块化的生产组织体系整合是当前企业获得竞争优势的重要途径，也构成了企业竞争战略的核心内容。这种认识对于分析通信领域企业整合产业链的行为具有指导意义。

5. 价值网理论

随着信息通信技术的不断发展，企业间协调联动的成本越来越低，企业间的价值链关系演变成价值网络关系。Mercer 顾问公司斯莱沃斯基（1998）在其著作《发现利润区》中提出了价值网的概念，指出由于用户需求增加，信息通信技术冲击市场的高度竞争，企业应该将供应链转变为价值网。"价值网是一种以顾客为核心的价值创造体系，它结合策略思考和先进的供应链管理，以满足顾客所要求的便利、速度、可靠与定制服务。""随着网络化深入发展，企业间的价值链关系演变成价值网络关系，企业主体间关系及业务联系也构成了内在的价值网络关系。"对价值网做进一步发展的是美国学者大卫·波维特，他在《价值网》一书中指出，价值网是一种新业务模式，它将顾客日益提高的苛刻要求与灵活及有效率、低成本的制造相连接，采用数字信息快速配送产品，避开了代价高昂的分销层；将合作的提供商连接在一起，以便交付定制解决方案；将运营设计提升到战略水平，适应不断发生的变化。价值网关系已突破了原有的对产品和服务的价值链的探讨，将产品生命周期扩展为一个空间的网络，这种观点与商业生态系统的认识已十分接近，但商业生态系统关注的对象更为宽泛，商业生态系统涉及的领域不仅仅局限于一个行业，更可能跨多个行业，并且更为强调企业外部环境的影响。

（四）创新理论

创新理论研究的主要学者是约瑟夫·熊彼特（Jospeh A.Schumpeter），他在其经典著作《经济发展理论》中，首次提出了创新概念，认为创新指的是企业家将生产要素和生产条件进行重新组合，引入生产系统从而获得高利润的过程。并将创新的内容划分为五个方面：引入新的产品；采用新的技术；采用新的组织管理方式方法；开拓原材料的新供应源；开辟新的市场。围绕熊彼特的创新理论，后续大致形成了两个研究方向：技术创新理论和制度创新理论。技术创新理论主要以技术创新和市场创新为研究对象,强调技术在一国(地区)创新中的极端重要性。制度创新理论主要以组织变革和组织形成为研究对象。经济合作和发展组织(OECD)认为:"技术创新包括新产品和新工艺,以及产品和工艺的显著变化。如果在市场上实现了创新(产品创新),或者在生产工作中应用了新的工艺,那么创新就完成了。"国内学者傅家骥等认为:"技术创新是企业家抓住市场的潜在盈利机会,以获取商业利益为目标,重新组织生产条件和要素,建立起效能更强、效率更高和费用更低的生产经营系统,从而推出新的产品、新的生产(工艺)方法,开辟新的市场,获得新的原材料或半成品供给来源或建立企业的新组织,它是包括科技、组织、商业和金融等一系列活动的综合过程。"

随着经济理论的进一步发展,创新经济学也进入了学者的研究视野,创新经济学是近期微观经济理论中一个富有成果的专业领域。在过去的40年里,创新经济学融入了产业组织理论、区域经济学和企业理论,已经形成了一个独特的研究领域,并成为微观经济增长的有机组成部分。同时,创新经济学还与社会学、管理学等多门学科融合。创新经济学的定义最早可以追溯到20世纪50年代剩余概念的引入。由于阿布拉莫维茨(Abramovitz,1956)和索洛(Solow,1957)的理论贡献,创新经济学在企业层面上解释了产出的增长不能简单地归结为在均衡条件、单一稳定要素市场和不变规模报酬这三重约束条件下生产要素的增加。作为一个特殊的研究领域,在不存在报酬递增的情况下,创新经济学的产生被认为是对产出和劳动生产率增长进行分析的最终结果。[1]创新经济学对风险、共同知识、网络等方面有大量的研究。

(五)复杂网络理论

复杂网络的研究来源于复杂性科学,并与复杂性科学中的复杂适应系统密切相关,第二章的文献综述中也提到,商业生态系统从物理学和动力学上来说是一个复杂适应性的松散耦合的系统。复杂适应性系统的研究来源于复杂适应理论,

---

[1] 克瑞斯提诺·安东内利. 创新经济学 新技术与结构变迁 [M]. 北京:高等教育出版社,2006.

该理论从系统中将那些有适应能力的主动性个体分离出来，组成所谓的复杂适应系统，并加以研究，以此来探寻这些系统产生的复杂结构和复杂行为的共同规律。复杂适应系统理论与一般的系统理论不同，它把系统内的个体看作有"生命"的系统，认为系统内的个体存在适应性、目的性和主动性，它们是一系列适应性主体（Adaptive Agent）。复杂系统的"复杂"之处在于个体和系统都具有适应性，而不再是被动的主体。在这样的一个系统中，适应性的主体就能够在相互作用以及与环境的作用中不断"学习"或"积累经验"，根据环境的变化来改变自身的行为和结构，不断完善自身，得到生存以及发展。这种以主观能动性为主的适应性主体的研究视角改变了之前的系统科学理论研究，具有重要的意义，并且也为生态系统理论提供了动力学的理论支持。

现实的经济系统可以看作复杂适应性系统，在系统中，这种具有适应性的主体可以是个人、家庭，也可以是厂商、产业或者政府，这些形形色色的主体的经济行为有不同的目的性，主体与主体之间、主体与系统之间、主体与环境之间都会反复发生交互作用。这些适应性主体通过学习不断积累经验和知识，对环境做出反应，对其他主体的行为做出预测，并调整自身的目标和行为，并最终实现目标。

复杂适应系统可以被理解为一个复杂网络，这个关系网络由一个个节点所组成，这些节点之间依据一定的规则相互作用并因此维系着系统整体的存在。自然界中存在的大量复杂系统都可以通过网络加以描述。商业生态系统的研究也借助了复杂适应性系统以及复杂网络的相关研究成果，并尝试着不断开拓创新。

复杂网络的研究最早来源于图论，自 1735 年数学家欧拉对著名的哥尼斯堡七桥问题的解答开创了图论的研究以来，对网络理论的研究已经取得了重大进展。复杂网络的研究始于 20 世纪 60 年代的 Paul Erdös & Alfred Rényi[①] 的随机图模型。近年来国际上有两项开创性工作掀起了一股研究复杂网络的研究热潮。一是 1998 年 Watts 和 Strogatz 在《自然》（Nature）上发表的文章，引入了小世

---

① P. Erdös, A. Rényi. On the Evolution of Random Graphs [J]. Publ. Math. Inst. Hung. Acad. Sci, 1960 (5): 17.

界（Small-World）网络模型，描述了从完全规则网络到完全随机网络的转变。二是 Barabási 和 Albert 及其合作者 1999 年在《科学》(Science) 上发表有关复杂网络的论文，指出许多实际的网络连接度分布具有幂函数分布形式。

简单地说，一个典型的网络是由节点和连接两个节点的一些边组成的，其中节点用来代表复杂系统中不同的个体，边用来代表个体之间的关系，如果两个个体之间有某种特定关系，则可以确定一条边，并且这两个主体是相邻的。一个简单的例子，如图 3-1 所示，是一个具有七个点和十三条边的小网络，在这样的网络中，参与互动的主体有七个，任何一个主体要与其他主体互动可通过直接或间接的方式进行。具有不同拓扑结构的复杂网络可分为规则网络、随机网络、小世界网络、无标度网络等，规则网络是指我们常见的具有规则拓扑结构的网络，如完全连接图、星状网络等。规则网络的理论研究已经比较完善。随机网络指的是节点也就是个体是随机的，并不是确定的。上文提到的复杂网络的两大开创性工作之一的小世界网络是在规则网络和随机网络之外的另一种复杂网络，它具有大的集聚系数和小的平均最短距离。① 复杂网络研究中的一个重要发现是绝大多数大规模真实网络的平均路径长度比想象的小得多，科学家称之为"小世界效应"，此名称来源于著名的 Milgram "小世界"实验。② 实验要求参与者把一封信传给他们熟悉的人之一，使这封信最终传给指定的人，借此来探明熟人网络中路径长度的分布，结果表明平均传过的人数仅为六，这一实验也正是流行的"六度间隔"概念的起源。小世界网络模型可以解释现实中的许多网络。除此之外，在复杂网络的统计特征研究中，除了小世界效应之外，还有一些网络具有无标度效应，这指的是网络的节点与节点的连接分布遵循幂函数分布的网络，如美国的航空网。无标度网络的大部分节点只有少数连接，而少数节点则拥有大量的连接。③

---

① 集聚系数是指与第三个节点连接的一对节点被连接的概率，它描述了网络中点与点集结成群的趋势，即网络有多紧密；网络的平均路径长度（平均最短距离）指的是所有节点之间距离的平均值，它描述了网络中节点间的分离程度，即网络有多小。
② Milgram S.. The Small World Problem [J]. Psychology Today, 1967 (2): 60-67.
③ 王双进. 复杂网络的统计描述与网络建模的研究 [D]. 天津：河北工业大学，2007.

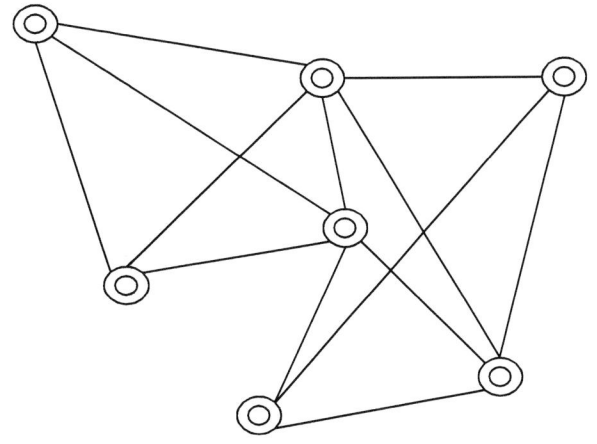

图 3-1 一个具有七个点和十三条边的小网络

复杂适应系统与复杂网络的研究对商业生态系统的网络结构以及系统内企业战略的选择有非常重要的指导作用。

(六) 商业生态系统理论

本书中所阐述的商业生态系统理论是在诸多领域的学者、科学家（如管理学、经济学、系统学等）研究的基础上，主要介绍和使用 Moore（1993）、Iansiti & Levien（2002、2004）在以上各学科总结的基础上所形成的，到目前为止较为系统的理论及方法。上一章的文献综述中，我们已经回顾了商业生态系统概念的争论，在本书中，我们将商业生态系统概念作为一个理解商业网络的新视角，而不是作为一个新的组织形式。这个视角可以提供一个从网络视角理解组织间关系的不同的逻辑，提供一个对商业网络和描述他们的机制和关系的整体视角。商业生态系统的概念能够加深我们对商业网络的理解并能够提供一些创造性的想法。Moore（1993）、Iansiti & Levien（2002、2004）的理论主要涉及以下几个方面：

1. 商业生态系统的组成

商业生态系统的组成部分除了包括诸如消费者、供应商、生产制造厂家及为其提供支持的（他们相互配合以生产商品和服务）其他有关人员等传统的部分以外，还包括诸如资金的提供者、有关的行业协会、掌握标准的机构、工会、政府和立法部门以及半政府组织等机构，如图3-2所示。

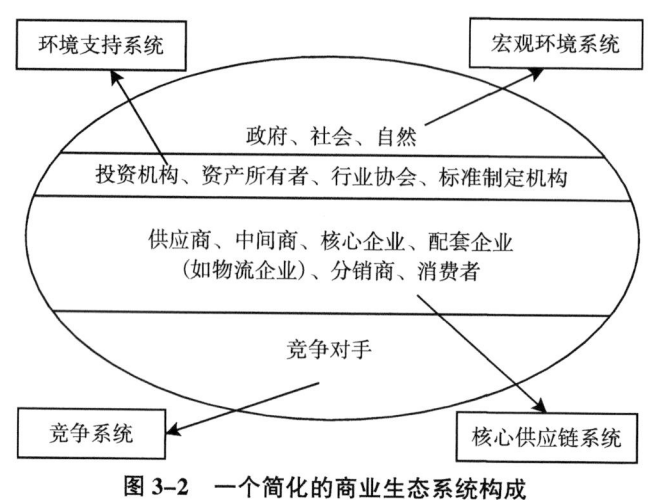

图3-2 一个简化的商业生态系统构成

Moore提出商业系统发展可分为四个阶段，分别是：开拓、扩展、领导和更新（或消亡）。每个阶段的主题不同，企业间的关系及其战略也随之变化，"开拓阶段重点在创造新的价值活动，形成关键的产品和服务；扩展阶段主要是建立核心团队，进入特定的小环境，巩固系统的边界；进入领导阶段，系统成员更需要协同发展，此时规则起主导作用，权威者和外来者相互竞争；到了更新阶段，生态环境出现较大的变化，要确保持续不断地改进生态系统功能，否则系统会自然消亡"。对应于不同的发展阶段，不管是处于行业内的企业还是行业外的企业，其战略决策都应切合发展阶段的特点，否则的话，可能达不到预期的效果。

2. 商业生态系统的特征

在商业生态系统的特征方面，由于不同学者对商业生态系统的定义内涵和外延的不同，对商业生态系统的特征的归纳也是不同的。Iansiti & Levien（2004）在对商业生态系统作为商业网络的隐喻中认为，商业生态系统与生物生态系统都具有以下几个相同的特征：

（1）稳健性。在外来冲击面前，商业生态系统具有更强健的生命力。生态系统对于外界的干扰，通常能以不连续的方式做出反应。虽然某种损害或是对关键成员的损害将会产生广泛的崩溃,但环境的动荡绝大部分都可以被这些系统所吸收。

(2)创造性。商业生态系统中的成员在专业化运营中将产生创造新事物的能力。这种能力推动了生态系统的演化。强健性、持续性与创造性相结合的能力便是驱动这一创造性演化过程的关键力量。

(3)网络的异质性。由于商业生态系统中的企业扮演着截然不同的角色,所以对网络的稳定性和生产率的不同方面会产生各自不同的影响,这就是网络的异质性。

除此之外,与生物生态系统相比,商业生态系统在以下几个关键方面还表现出独特的特性:

(1)创新。生物生态系统不会为了得到某些外部观察者的注意而相互竞争,因此在外来冲击面前,生态系统更为强调保持稳定性和持久性,较少关注创新。它们没有创新和提供新功能或者满足新需求的压力。而在商业生态系统中,成员之间的相互竞争多以创新形式存在,为了满足消费者的需求,获得更大的利润和市场份额,企业有很大的动力来不断推陈出新,具有很强的创新动力。

(2)争夺成员。企业为了成长,需要吸引新的顾客和合作伙伴。结果是,企业增长所必需的因素就转变成为整个商业生态系统所需要的因素。

(3)智能体。与生物生态系统不同的是,商业生态系统的成员能够进行一定程度的预测与计划。

3. 商业生态系统健康性的衡量维度

Iansiti & Levin(2002、2004)提出"商业生态系统由占据不同但彼此相关的生态位的企业所组成,一旦其中的一个生态位发生变化,其他生态位相应也会发生变化"。[①] 在一个商业网络中,没有公司是孤立存在的。一个企业的绩效,不仅仅是公司自身能力的函数,还是公司相对于其竞争者、顾客、合作伙伴以及供应

[①] 所谓"生态位"指生态系统中,"物种"占有的资源和空间范围,但不同"物种"间生态位的重合,会引发企业之间的竞争。物种间生态位重合度越高,对于资源的争夺程度就会越激烈。

商的所处地位的函数，同时还是公司与整个商业生态系统相互作用的结果。因此，在考察一个企业为了提高自身绩效所能采取的策略之前，要找到用来理解和评价公司层面战略的方法，从而了解它可能对各种关系网络（产品网络、技术网络等）所产生的影响。因为这些网络能够反映出整个商业生态系统的特性。Iansiti 和 Levin 并没有从传统经济学所谓的经济健康的指标，如企业数量、竞争程度、消费者选择等这些抽象的概念，而是从如何评价由企业、产品以及消费者所构成的商业生态系统的健康状况这个问题着手，找到一些指标用来衡量一个商业生态系统作为一个整体能够为其中从事某项业务的企业提供持续有利的机会。这样的商业生态系统就是健康的。Iansiti 和 Levin 从生物生态系统的健康性中得到启发，从生产率、强健性和缝隙市场创造力三个维度来考察商业生态系统。以下我们来分别介绍：

生产率是指一个生态系统将原材料转变为生命有机体的效能，在生物生态系统中是经常使用的一个概念，用来衡量生物生态系统的健康以及提供给使用者受益程度的指标。这个概念在经济学中类似于投资回报率、资产的边际效率等概念。我们将这个概念用在商业生态系统中不同的地方在于，生物生态系统下，在一定时间内，投入不会有明显的变化，而在商业生态系统中，投入是不断变化的，如创新的出现。在商业生态系统中，生产率用来反映商业生态系统将创新转化为某种新产品或服务的效能。具体来讲，有三种生产率与之相关：第一是要素生产率。用经济学的说法也就是投入—产出的效率，其中使用最多的就是资本回报率。第二是随时间变化的生产率。用来考察生态系统中成员的生产率是否随时间的推移而发生改变，成员是否能够以逐渐降低的成本提供相同的产品和服务。第三是创新的实现。它是衡量某一商业生态系统是否有效地将新的技术、流程等传递给其他企业，其他企业与这些企业共享创新成果是否比直接引进创新成果带来更多的成本降低，这些创新成果是否在整个系统中得到了广泛的传播从而使得商业生态系统内成员的生产率得到广泛提高。最后一个指标是相当重要的，但很难衡量，而要素生产率在很多时候作为代理变量在我们无法获得创新对企业的单独效应之时用来衡量创新对生态系统成员的集体效应。

强健性用来衡量商业生态系统应对环境干扰和冲击的能力。一个健康的生物生态系统在受到环境的干扰和冲击时，能够持久地生存下来，持续不断地为内部成员提供利益。同样，一个健康的商业生态系统也应当能够抵御外来的冲击与干扰。如果商业生态系统在新技术出现后就发生剧烈变动甚至消亡的话，那么其中的成员也必然从中受益。商业生态系统强健性的指标有如下几个：一是存活率。一个强健的生态系统，其中的成员应该有较高的存活率，无论是从时间的推移来看还是与其他生态系统比较来看。二是商业生态系统机构的持续性。在一个强健的生态系统中，成员之间的关系可以发生变化，但生态系统的结构不会因为外来冲击和干扰而改变。商业生态系统内部的成员和各要素之间的关系都会得到保持。三是可预见性。对一个强健的商业生态系统而言，结构方面的变化虽然不会因为冲击而发生大的改变，但如果这个生态系统的结构要发生变化，则变化轨迹是可以预期的。四是有限的报废。在一个健康的商业生态系统中，如果发生微小的扰动不会导致大幅度的抛弃"过时"能力的现象，即绝大多数的技术不会以为轻微的扰动就全面淘汰，而是可以继续使用。五是使用体验和情景的连续性。指的是消费者或者使用者对一个强健的商业生态系统的产品的消费体验，只会在新技术的引进下发生渐进式的改变，而不会突变。当然，Iansiti 和 Levin 也指出，以上指标并不是对所有情况都适用，可以根据实际情况和数据获得情况加以选择，但这些指标可以提供一套评价商业生态系统强健性的有效工具。

缝隙市场创造力指生态系统的"多样性"，衡量商业生态系统提高自身成员多样性的能力，不同企业之间在商业生态系统内和谐共生、协同进化。仅仅只有强健性和生产率这两大指标是不能够完整地反映一个健康的商业生态系统的基本特征。从生物生态系统来看，变异或者多样性是相当重要的。一般认为在生物生态系统中，多样性是一个有益的指标，但在商业生态系统中，多样性不一定是好的。在现实中，一些商业生态系统虽然具有较强的多样性，但却面临着停滞或者衰退。因此，如果单独使用多样性这个指标无法直接评价商业生态系统是否健康，Iansiti 和 Levin 采用以下两个指标来评价缝隙市场创造力这个维度所代表的生态系统的健康性：一是企业多样性的增加。也就是一个商业生态系统在给定的时间内创造的新企业的数量。二是产品及技术多样性的增加。即在给定的时间内，一个商业生态系统内所创造出的新的产品方案、技术模块、类别、产品或者业务的数量。这个指标事实上和生产率中创新的实现这一指标相联系，因为实现创新的一种方式就是创建新的企业。那么，衡量缝隙市场创造力的简单方法就是测定一项新技术在多大程度上以各种各样的新产品或者新服务等形式出现。并且，这些新产品和新服务是有价值的。

通过以上的介绍，我们知道衡量商业生态系统的健康性，总的来说有三大指标，生产率、强健性和缝隙市场创造性。这三个特性为我们提供了一套可操作的、可测量的指标体系，接下来我们也将用这个理论来对现代服务业中的典型行业进行分析。

4. 商业生态系统内企业的竞争战略

商业生态系统理论的提出，对于分析现代企业关系、企业竞争战略指导具有重要的启示意义。在网络信息经济的今天，现代企业竞争，不仅是单体企业之间的竞争，而更是商业生态系统之间的竞争（李海舰、郭树民，2008）。在商业生态系统中，企业的战略选择不仅受到企业自身资源和能力的影响，也受到其所处外部环境的影响。

商业生态系统中企业的竞争战略分成两步完成，第一步是选择一个健康、有前景的商业生态系统；第二步是根据自身定位明确一个发展战略。健康、有前景的商业生态系统不仅与其内部的成员有关，还与其商业网络的结构有关，在上一部分关于复杂网络的理论研究中，一些学者通过研究复杂网络的拓扑结构得出许多类型的网络都拥有一个"中心"，这个"中心"有助于稳定整个网络并且改进网络的效率。前面也提到，复杂网络研究中的一个重要发现是绝大多数大规模真实网络的平均路径长度比想象的小得多，尤其是互联网这样的小世界网络，具有很大的集聚系数和小的平均最短距离，也就是说，在这样的网络中，绝大多数的节点连接数量要远远少于少数节点的连接数量。这种具有"中心"的网络就符合上述的特征，从一个节点所代表的主体到另一个主体间的联系数量是比较小的。在这种情况下，"中心"的存在在促进网络健康方面有着非常重要的作用，"中心"的存在使得节点与节点之间的联系更加便利。除此之外,"中心"还能够促进网络的稳健性,使得网络在受到外部冲击时能够有所应对。也就是说,一个具有"中心"的网络结构从理论上说是比较稳定的。企业需要明确自身的定位,来确定发展战略,从具有"中心"的网络结构来看,企业要么是"中心"要么是非"中心",这两种不同的定位其战略是不同的,即使定位为"中心",其战略也有差别。

根据 Iansiti & Levin (2002) 的研究,在商业生态系统中,较为有意义的企业角色(定位)有三类:网络核心型、支配主宰型、市场缝隙型。

网络核心型对应于生物生态系统中就是核心物种,这些物种能给生态系统及其他成员带来好处。如果除核心物种之外的其他物种消失,生态系统不会受到太大的影响,而核心物种的消失会给生态系统带来灾难。这是因为我们前文所说的这个核心物种其实就是网络的"中心",其他成员的很多联系都要通过"中心"来完成,商业生态系统中也存在着这样的"中心"企业或者网络核心企业,它们在商业生态系统的健康性方面发挥着重要的作用。网络核心型企业的战略通常是改善那些有可能支配整个商业生态系统的其他企业的生存状况和机会。这是因为网络核心型企业有信心和能力统领整个商业生态系统,同时这些机会还可以促进系统的多样性和增进商业生态系统的强健性,这些对商业生态系统的健康性都是有益的。网络核心型企业的战略是为了改善生态系统整体的健康状况,同时,其自身的持久性也得到了保障,在与其他企业的互动过程中,一起创造价值,分享收益。

支配主宰型企业同样也是商业生态系统网络的"中心",但这种网络角色和战略与网络核心型企业不同,首先,网络核心型企业在整个商业生态系统中只占据很小一部分,即使它是网络的"中心",而支配主宰型企业在网络中所占据的网络节点较多,呈现支配统治地位。其次,支配主宰型企业并不鼓励商业生态系统中的多样性。它是一种侵略性的、主宰性的以及支配性的企业,以支配主宰型企业作为"中心"的生态系统是脆弱的,难以面对较大的外来冲击。这种企业在商业生态系统中又可以分为两种,一种是支配主宰者,通常是通过纵向或者横向的一体化来直接控制或拥有网络中的大部分节点。这种情况下，企业就独享网络的利益，而不会像网络核心型企业一样为其他企业创造机会，共享价值。另一种是价值支配者，这种类型的企业并不是为了控制网络的核心价值活动，而是为了在价值分配方面获取较大利益来采取各种行动。价值支配企业的活动就是为了占据网络中的价值。

市场缝隙型企业指的是这些个体在生态系统中对其他物种不会产生很大的影响，但却是构成生态系统的大部分，对整个生态系统的影响是广泛的。在商业生态系统中，能够作为"中心"的企业是少数的，绝大多数企业的生存现状和环境都可以认为是缝隙型企业。这些企业可以对外部资源进行有效的利用，对生态系统的多样化做出了贡献，并能够促进整个商业生态系统的健康性。市场缝隙型企业的战略在于专业化，具有其他成员不具有的特殊能力。对一个有效的市场缝隙型战略来说，最主要的就是价值的创造，在其特有的专业化分工中创造持续不断的价值。要达到这个目标，就要通过整合整个商业生态系统中可获得的各项技术和资源不断创新，提高自身产品或服务的竞争力。但需要注意的是，市场缝隙型企业必须要处理好自身和与之密切相关的企业之间的关系，也就是与合作伙伴的耦合强度，如果耦合度较高，就意味着市场缝隙型企业在与之合作的过程当中虽然从合作伙伴中获取的利益较大，但合作伙伴对其的控制力也较强，市场缝隙型企业被套牢的风险较大。一旦有新技术等环境发生变化导致伙伴企业的经营绩效发生改变，市场缝隙型企业面临的风险就较大。如果市场缝隙型企业与合作伙伴的耦合度较低，与若干个企业都有关系，那么该企业面临的套牢风险就比较小。同时市场缝隙型企业还具有一定的流动性，并能与其他市场缝隙型企业一起与核心企业进行谈判。

5. 商业生态系统的治理

商业生态系统研究在治理方面的讨论比较少。Moore（1996）认为最重要的网络治理关系合同是社区（群落）治理系统和半民主治理。Moore 的生态系统治理概念包含市场和等级制度，他认为生态系统将企业系统和市场内在化并且通过社区领导（群落首领）的指引连接起来。Iansiti & Levien（2004）认为，生态系统是由共同的命运（信仰）所治理。但他们没有更深入地探讨这个问题。Vos（2006）将生态系统治理阐述成以下四点：一是基于共同的目的为网络成员提供一个激励和前景；二是基于成员自由，并主动使得成员达到他们共同的目标；三是当使用某些有指向性的机制时，要保证他们的行为达到当时的共同目标；四是致力于改善生态系统应对外部变化和内在改革结构的能力。关于商业生态系统治理方面的研究较少，现有的可供参考的治理理论主要有网络治理和价值链治理。网络治理的研究基于交易成本经济学和社会网络理论。Kohtamaki 等（2006）提到不同的网络治理研究的视角，这些研究如下：一是市场与等级制，这是基于交易成本理论，定义价格与命令（权威）是治理的主要机制；二是网络作为一种介于市场和等级的中间形式，在这种解释中，合作关系是一种比市场更完整的形式但是又比等级制差一些；三是网络是市场和等级制相独立的一种形式，这种观点认为网络的治理机制是一种社会型的，强调利益共享和相互信任的含义在里面；四是三种不同治理机制可以同时被使用，分别是价格、等级和社会治理。价值链的治理在前文中已经涉及，与网络治理的相关研究类似。

（七）平台模式

商业生态系统的另一个相关理论是平台模式。简单地说，平台模式是指连接两个（或更多的）特定群体，为他们提供互动机制，满足所有群体的需求，并从中盈利的商业模式。① 例如，亚马逊的 Kindle 阅读器将书籍销售商和读者联系在一起，微软的 Windows 操作系统为上千万个程序开发商提供大展才能的平台，苹果的 APP 应用商店、安卓的开放式系统，都为具有程序开发和创意才能的人提供了施展拳脚的天地，更接近我们生活的淘宝网连接了商品的卖家和买家，使得双方满足彼此的需求。平台模式的特点就是利用群众关系来建立无限增值的可能性，或者称之为网络效应。这种效应使得商品或服务的单向、垂直的产业链条变得多向和网络化。在网络效应发挥时，越来越多的企业改变了盈利的着眼点，从

---

① 陈威如，余卓轩. 平台战略——正在席卷全球的商业模式革命 [M]. 北京：中信出版社，2013.

商品或服务的供给和需求之间找到盈利关键。如苹果公司，它不再是一个销售手机的硬件销售企业，而是成为了搭建苹果应用系统（程序）的平台生态圈，并通过绑定用户的账户进行产品和服务的销售。平台企业不仅是提供渠道的媒介、提供机会的中间商，它的核心利益是建立一个完善的商业生态系统，在这个生态系统中，各个利益相关体之间互相交流互动，实现价值的飞跃。因此，在后文分析信息服务业商业生态系统中，我们会涉及平台模式、平台企业，可以说，平台企业和平台模式对商业生态系统的健康性和稳定性具有至关重要的作用。

二、现代服务业相关理论

（一）现代服务业概念

在我国，现代服务业的概念近年来被提及得越来越多，但现代服务业的概念却没有统一的定论。由于国外并没有现代服务业的概念，因此对于现代服务业的内涵和外延的讨论并没有其他的借鉴，国内学者通常认为，现代服务业的概念应该在与传统服务业的比较中来界定。胡启恒（2004）认为，现代服务业是在工业化比较发达的阶段产生的，主要依托信息技术和现代化管理理念发展起来的、信息和知识相对密集的服务业，与传统服务业相比，更突出了高科技知识与技术密集的特点。李江帆（2005）认为，现代服务业是指现代社会中以现代科学技术装备实施现代管理方式的服务业。在我国，它更多地表现为技术含量较高、管理模式先进、运行机制灵活、产品富于创新的服务行业。他同时特别指出，应该用动态的、相对的视角认识和界定现代服务业。李江帆教授强调，正如新与旧是相对的概念一样，现代服务业与传统服务业的区分也是动态变化的。传统服务业以新技术、新管理方法改造后可以转化为现代服务业；旧时代的"现代服务业"因历史推移而落伍也可以蜕变为新时代的"传统服务业"；一个服务行业中同时存在着传统服务部门与现代服务部门。最后得出的结论是：现代服务业与传统服务业没有一成不变的界线，试图按国民经济行业分类标准对现代服务业做一成不变的界定是不可能的。这个观点应该引起我们的充分注意。刘重（2005）的观点与李江帆教授的观点不谋而合。刘重指出，现代服务业有广义和狭义之分，广义的现代服务业包括传统服务业的升级和新型的服务业。狭义的现代服务业主要指依托信息技术、现代化科学技术和技能发展起来的，信息、知识和技能相对密集的服务业。刘志彪（2005）认为现代服务业是指那些依靠高新技术和现代管理方法、经营方式及组织形式发展起来的，主要为生产者提供中间投入的知识、技术、信息密集型服务部门，其核心是现代生产者服务业。陈宪（2005）从投入和产出结合的意义上阐述了现代服务业的特征，他认为，现代服务业不同于传统服务业的三个基本特征是"高人力资本含量、高技术含量和高附加价值"，同时它还衍生出现代服务业"新技术、新业态和新方式"的发展态势。

在认识现代服务业内涵和特征时，除了要关注前面所讲的各种自然属性外，也应注重现代服务业的社会属性。现代服务业的第一个社会属性是历史性。我国作为发展中国家，经济结构呈现出比发达国家更加显著的二元结构特征。为了划清新旧产业业态，也为了指明未来产业结构升级转换的方向，现代服务业、先进制造业等概念也就应运而生了。具体而言，现代服务业概念的提出日益受到中央和地方决策层的重视，主要有以下两方面因素：

一是自20世纪90年代初期以来，我国加大了扶持服务业发展的力度，尤其是到了21世纪，"十一五"规划纲要又进一步提出了大力发展服务业的政策，在一系列强势政策引导下，服务业吸纳的投资和就业比重日益攀升，1999年，服务业投资比重达到了59.32%的历史最高点。2013年，服务业吸纳的投资为247155.04亿元，占全社会固定资产投资总额的55.4%，超过工业13.8个百分点。从就业方面看，由2000年的27.5%提高到2013年的28.5%。但尽管集中到服务业的资本和劳动力资源比例大幅提高，服务业增加值比重却没有相应地显著上升。2013年，服务业实现增加值262203.8亿元，占国内生产总值的比重为46.1%，2000年这个比重为39%，与此同时，服务业就业比重占三次产业就业比重由27.5%上升至38.5%。服务业增加值比重上升幅度低于就业比重的增幅，说明服务业相对劳动生产率在日趋下降，如果将服务业的相对劳动生产率用服务业增加值比重与就业比重的比值来表示的话，那么其由2000年的1.41下降到2013年的1.19。这表示虽然服务业吸收了大量的固定资产投资，但服务业相对劳动生产率却在下降，服务业发展绩效偏离预期牵涉的问题复杂而诸多，但重点行业选择不明确，政策支撑点模糊，应该是其中非常重要的一方面。因此，对于现代服务业概念的提出，无疑有助于相关部门明晰未来发展方向，把握扶持重点。我国2003~2013年三次产业发展情况对比如表3-1所示。

表3-1 我国三次产业发展情况对比（2003~2013年）

单位：%

年份		2003	2004	2005	2006	2007	2008	2009	2010	2011	2012	2013
三次产业增加值占国内生产总值的比重	第一产业	12.80	13.39	12.12	11.11	10.77	10.73	10.33	10.10	10.04	10.08	10.01
	第二产业	45.97	46.23	47.37	47.95	47.34	47.45	46.24	46.67	46.59	45.27	43.89
	第三产业	41.23	40.38	40.51	40.94	41.89	41.82	43.43	43.24	43.37	44.65	46.09
三次产业就业人数占比	第一产业	49.10	46.90	44.80	42.60	40.80	39.60	38.10	36.70	34.80	33.60	31.40
	第二产业	21.60	22.50	23.80	25.20	26.80	27.20	27.80	28.70	29.50	30.30	30.10
	第三产业	29.30	30.60	31.40	32.20	32.40	33.20	34.10	34.60	35.70	36.10	38.50
三次产业固定资产投资占比	第一产业	2.97	2.68	2.62	2.50	2.48	2.93	3.07	2.85	2.81	2.93	3.02
	第二产业	38.43	40.78	43.75	44.07	44.53	44.53	42.85	42.46	42.53	42.24	41.60
	第三产业	58.60	56.54	53.63	53.43	52.99	52.54	54.08	54.69	54.66	54.83	55.38
三次产业相对劳动生产率	第一产业	1.41	1.32	1.29	1.27	1.29	1.26	1.27	1.25	1.21	1.24	1.20
	第二产业	2.13	2.05	1.99	1.90	1.77	1.74	1.66	1.63	1.58	1.49	1.46
	第三产业	0.26	0.29	0.27	0.26	0.26	0.27	0.27	0.28	0.29	0.30	0.32

资料来源：国家统计局2014年统计年鉴［EB/DL］.（2014-12-01）. http://data.stats.gov.cn/easyquery.htm？cn=C01.

二是制造业转型需要现代服务业的支撑。目前我国已经进入需要制造业发展转型的重要时期。制造业转型包括三个方面的含义：①长期以来依靠高投入、高能耗、高污染和低效益的经济增长方式难以维持我国经济在长时期内保持健康、快速发展的需要，由此带来的资源需求难以支撑中共十七大提出的"到2020年

第三章 商业生态系统与现代服务业相关理论

人均GDP比2000年再翻两番"的目标要求。制造业需要从长期以来依靠消耗资源等刚性投入、扩大生产规模的增长方式向更多依靠创新、知识等柔性资源投入、不断丰富发展内涵和提高产品的附加值转型。②要实现从制造业大国向制造业强国转变，必须提高制造企业的技术创新能力。③庞大的制造业生产体系产生了急剧增长的出口压力，制造业发展迫切需要由原来的"引进来"为主向"引进来"与"走出去"并重转型。实现制造业转型的重要支撑之一就是要处理好制造业与现代服务业的关系问题，要实现制造业与现代服务业的互动、融合发展。现代服务业对制造业的支撑作用主要表现在以下几个方面：有助于提升制造业的知识和技术含量，克服资源要素制约；有利于深化制造业分工，降低产业链成本；有利于提高制造业外向度，扩大产品出口。现代服务业的第二个社会属性是相对性。有现代就有传统，现代服务业与传统服务业总是相对的，它们之间并没有固定的、一成不变的分水岭。随着经济的发展，原先现代的服务业会逐渐蜕变为传统服务业；某些传统服务业也会通过应用科技等手段的渗透与改造，升级为现代服务业；同时，也会出现一些原先不曾出现的新的服务部门，即新兴服务业。例如，西方发达国家经济发展的历程显示，服务业的发展大致经历了三个阶段：第一阶段（资本主义工业化前期），商业和交通、通信业领先发展；第二阶段（19世纪末至20世纪初），金融、保险和商务服务业增强第二产业的服务功能；第三阶段，金融、保险和商务服务业、科学教育事业等服务行业得到快速发展。现代服务业的第三个社会属性是区域差异性。由于各个地区发展水平不一致，对应的，其现代服务业的内涵和外延也应不同。在发达国家被认为是传统的服务业，在发展中国家可能被划归为现代服务业的行列。在同一个国家之中的不同省份或者同一省份的城乡之间，其现代服务业的内涵也应有所区别。也正因此，我们反对不考虑区域差别，在全国层面制定统一的现代服务业核算范围，并出台"一刀切"的扶持发展政策。从结果看，这有可能导致欠发达地区盲目地去发展脱离当地实际需求的所谓高端服务业。现代服务业的第四个社会属性是现代服务业的发展与其他产业的融合生长。现代服务业的发展，在很大程度上表现为现代服务业向制造业渗透，以发挥现代服务业作为过程产业推动制造业转型升级的功能，于是现代服务业与制造业之间出现了相互融合的势头。这种融合主要表现为与制造业生产过程相关的现代服务业直接作用于制造业的生产流程。尤其需要指出的是，随着专业化分工程度的深化和市场体系的完善，现代服务业在新型工业化中的作用将不断增强。从时间上计算，一个产品真正处于生产制造环节的时间只占少部分，大部分时间处在研发、采购、储存、运营、销售、售后服务等阶段，产业链条的运转更多依靠现代服务业（来有为，2004）。但在我国当前所处的发展阶段，服务外包还不盛行，研发、采购、储存、运营、销售、售后服务等本属于现代服务业的环节大部分还被保留在制造企业内，这给现代服务业核算带来相当大的困难。①

在实践中，上海市现代服务业官方网站公布的现代服务业的内涵是：伴随着信息技术和知识经济的发展产生，用现代化的新技术、新业态和新服务方式改造传统服务业，创造需求，引导消费，向社会提供高附加值、高层次、知识型的生产服务和生活服务的服务业。其特征包括：智力要素密集度高、产出附加值高、资源消耗少、环境污染少等，具体可概括为"两新四高"。"两新"是指新服务领域——适应现代城市和现代产业的发展需求，突破了消费性服务业的领域，形成了新的生产性服务业、智力（知识）型服务业和公共服务业的新领域；新服务模式——现代服务业通过服务功能换代和服务模式创新，而产生新的服务业态。"四高"指高文化品位和高技术含量，高增值服务，高素质、高智力的人力资源结构，高感情体验、高精神享受的消费服务质量。《杭州市加快现代服务业发展规划》将现代服务业理解为：现代服务业是伴随信息技术和知识经济的发展而产生的，用现代化的新技术、新业态和新服务方式改造和提升传统服务业，大力发展新兴服务业，创造需求，引导消费，向社会提供高附加值、高层次、知识型的生产服务和生活服务，它广泛地渗透在所有的服务业领域中。现代服务业具有以下特点：一是现代与传统的交融性；二是要素的智力密集性；三是产出的高增值性；四是供给的多层次性；五是服务的强辐射性。

---

① 何德旭，夏杰长等.服务经济学 [M].北京：中国社会科学出版社，2009.

2012年2月22日，国家科技部发布的70号文件中明确规定：现代服务业是指以现代科学技术特别是信息网络技术为主要支撑，建立在新的商业模式、服务方式和管理方法基础上的服务产业。它既包括随着技术发展而产生的新兴服务业态，也包括运用现代技术对传统服务业的改造和提升。现代服务业有别于商贸、住宿、餐饮、仓储、交通运输等传统服务业，以金融保险业、信息传输和计算机软件业、租赁和商务服务业、科研技术服务和地质勘查业、文化体育和娱乐业、房地产业及居民社区服务业等为代表。

（二）现代服务业的分类

正如前文所讲的那样，在国际上并没有现代服务业这一概念，因而也没有有关现代服务业外延的界定。由于国内对现代服务业内涵的理解不尽相同，因而在外延界定方面也不一致，相关观点可归纳为窄、中、宽三派。根据不同的观点，对现代服务业所包含的行业范围也不尽相同。窄派观点认为现代服务业和现代生产性服务业是同义词，指为生产、商务活动和政府管理而非直接为最终消费提供的服务，主要包括金融业、保险业、房地产业、咨询业、信息服务、科技开发、商务服务、教育培训等行业（来有为，2004）。中派观点认为，现代服务业既包括窄派给出的范围，还涵盖借助信息技术改造升级后的传统生产服务业（刘重，2005）。宽派观点则将那些满足现代消费需求、符合现代社会文化理念、适应现代人生活品质的各类消费服务业，如社区服务业、保健服务业等，也纳入现代服务业的范畴（周振华，2005）。徐国祥、常宁（2004）有关服务业外延的研究比较全面，他们不仅给出了现代服务业的基本判别标准，并且通过列表的方式，详细界定了现代服务业的外延。他们认为现代服务业应满足如下四个判别标准：①现代服务业是与生产过程相结合的服务业，如第三方物流；②现代服务业是与市场交易过程相结合的服务业，如与企业购并相关的服务业；③它是与创新过程相结合的服务业，如风险投资；④它是与信息技术相结合的服务业，如网络调查服务。可见，徐国祥、常宁对现代服务业的理解同来有为的观点比较接近，除了强调现代服务业的高技术、资本、信息密集程度外，还特别注重现代服务业的生产性，均认为现代服务业的外延同现代生产性服务业一致。

表 3-2 我国现代服务业统计分类标准框架

大类类别、名称		编号	细项内容
物流与速递业	物流业	58	数码仓库、配送中心、第三方物流、连锁商业和配送服务
	速递业	59	城际速递、跨地区速递、国际速递
信息传输、计算机服务和软件业	电信和其他信息传输服务业	60	电话、电报、移动通信、互联网信息服务、数据传输、图文传真、卫星通信等电信业务和电信传输服务
	计算机服务业	61	数据库开发、数据存储、数据库维护；楼宇智能化等计算机网络服务数据处理业务、系统集成、计算机主设备维护咨询业
	软件业	62	系统软件、中文信息处理软件、专业应用软件、管理软件、通用软件等计算机软件开发及其咨询
电子商务	批发业	63	电子商情服务、网络仓库、虚拟市场
	零售业	65	网上商城、网上书店
金融保险业	银行业	69	网络银行、无线移动银行、电子支票、电子钱包
	证券业	69	实时行情查询、网上证券交易
	保险业	70	网上保险服务
	其他金融活动	71	基于互联网提供服务的国际国内信托投资业务、财务公司、典当行、拍卖行、期货交易等活动
房地产业	房地产业	72	各类房地产开发、经营、交易和租赁等业务；住宅发展管理、物业管理；房地产咨询服务、房地产顾问代理、房地产交易所、房地产估价所等房地产中介服务业
租赁和商务服务业	租赁业	73	人才租赁、融资租赁、汽车租赁、工程机械租赁、金融工具租赁
	咨询服务业	74A	法律咨询、统计咨询、管理咨询、决策咨询、会计服务、税务筹划、审计服务、工程评估、质量认证、资产评估
	会展业	74B	项目策划、广告策划、广告设计、广告代理、市场推广、国际和国内会议服务、博览展示服务
科学研究、技术服务业	研究与试验发展	75	信息、材料、生物、医药等领域的原创性成果
	专业技术服务业	76	技术监测、检定、质量监督、标准制定以及计量；环境保护、监测；技术推广和科技交流服务等科技中介服务业；各行业的工程设计；专利代理、产品设计等其他综合技术服务、科研项目评估
	科技交流和推广服务业	77	科技信息中介服务、科学技术咨询
远程教育	学历教育与非学历教育	84	广播电视大学、教育频道教学、网络学院、网上知识库、网上培训社区、国际远程教学

资料来源：徐国祥，常宁. 现代服务业统计标准的设计[J]. 统计研究，2004（12）.

除此之外，朱晓青（2004）比较系统地研究了北京现代服务业的外延。他认为，对北京现代服务业的界定和部门行业分类，一方面必须以国际和我国的部门行业分类标准为基础，另一方面也必须充分考虑北京不同服务行业发展的优势地位、资源丰富程度、市场开放程度和市场需求潜力等方面的因素。最终确定的现代服务业的外延包括如下10大类行业：①金融业，包括银行业、保险业、证券业、信托业、风险投资业等。②电信业，即信息传输、计算机服务和软件业，包括固定电信服务、移动电信服务、互联网信息服务、广播电视传播服务、计算机系统服务、基础和应用软件服务等。③房地产业，包括房地产的投资与开发、物业管理和房地产的经纪服务。④物流业，这是指以集中配送、第三方供给和商业经纪服务为代表的现代流通服务。⑤商务服务业，包括法律业、会计业、公证业、职业介绍业、咨询业、广告业、设计业、会展业、市场管理服务业等。⑥科学研究和技术服务业，包括自然科学和社会科学研究、技术监督、技术交流与推广等。⑦教育培训业，包括高等教育、职业教育和各类专业技能培训等，但不涉及义务教育的范畴。⑧医疗保健业，包括医疗服务、保健服务。⑨文化、体育和娱乐业，简称文体娱乐业，包括影视业、出版业、广播业、音像业、演出业、图书馆业、博物馆业和体育业等。⑩环境管理业和旅游业。环境管理业涉及自然保护、环境卫生、水污染治理、危险废物治理等。

从以上对现代服务业的讨论、分类并结合前文的商业生态系统的理论分析，本书希望从对现代服务业中的最具有商业生态系统特征的行业入手，细致分析其发展现状、生态系统演进、企业的竞争战略等，希望从中得出一些有益的结论，为其他行业的健康发展提供经验借鉴。

第四章　现代服务业的商业生态系统分析

——以我国互联网信息服务业为例

前文所述，商业生态系统和商业网络之间的区别不在于研究的对象，而在于分析互相联系的商业主体的视角。换一种说法，也就是我们所考察的商业主体和他们环境之间的关系和互动，生态系统中主体的利益和角色以及为达到共同目标的互动行为的机制方面的认识是不同的。我们可以将商业生态系统概念作为一个理解商业网络的新视角，而不是作为一个新的组织形式。其可以提供一个从网络视角理解组织间关系的不同的逻辑。商业生态系统视角提供了一个对商业网络和描述他们的机制和关系的整体视角。作为一种象征，商业生态系统的概念能够加深我们对商业网络的理解并能够提供一些创造性的想法。将商业网络看作生态系统对研究组织结构、合作和交换提供了新的视角。将产业部门间的行为看作系统水平上的组织、技术、消费者和产品的互相联系（Gundlach，2006）。也就是说，商业生态系统和商业网络都是研究相互联系的商业主体和其所处环境的互动关系的视角，只不过商业生态系统是从生态角度，并且站在一个比商业网络更高的层次上来理解这些关系。

在国外学者研究商业生态系统的过程中，涉及最多的就是互联网信息服务业（信息服务业）。信息服务业是利用计算机和通信网络等现代科学技术对信息进行生产、收集、处理、加工、存储、传输、检索和利用，并以信息产品为社会提供服务的专门行业的综合体，指服务者以独特的策略和内容帮助信息用户解决问题的社会经济行为。在我国,将信息服务业分为主要三大类:信息传输服务业、IT服务业(信息技术服务业)、信息资源产业(主要指信息内容产业,这部分与后面的文化产业部分重合)。在国家统计局的统计用产品分类目录中,电信和其他信息传输服务中包含电信服务和互联网信息服务,其中互联网信息服务中又包含网上搜索、网上新闻、网上软件下载、网上读物、网上信息发布等。可见互联网信息服务是信息服务业中重要的组成部分,同时,作为通信技术产业中最为活跃的领域,全球互联网发展迅猛,新技术、新业务、新终端以及新的组织生产方式都在不断涌现。未来互联网以及互联网产业的发展趋势成为业界所关注的焦点。蒋林涛(2008)指出,未来互联网的发展方向是:"网络应该是安全、可信的;网络应该是可运营、可管理的;网络资源是可知的,资源消费是合理、经济和高效的。"师亚莉、冯景超(2010)提出基于电信网和互联网的优点,构建一个多业务综合网,是未来通信网络的发展趋势。余晓晖(2010)认为在互联网信息服务业内部,信息内容、软件服务、各种信息通信设备研制等产业正大规模地进入产业链系统中,各个子产业在信息产业中的地位正发生深刻变化。在信息产业外部,各种传统产业与信息产业迅速融合,使市场边界放大,如电子商务、互联网金融等,各种互联网+带来了层出不穷的新生产业。微观层面上,新技术催生的新业务在市场中不断替代。可以预见,随着信息网络技术的发展,上述行业的边界将进一步模糊,构成了一个大互联网经济的概念。有关互联网信息服务业企业竞争战略、互联网信息服务业产业发展演化机制等内容的研究都可以借鉴商业生态系统的研究方法。商业系统中每个企业竞争合作关系并不单一,相关协同发展关系十分复杂,企业间不断调整自身战略以适应不断发展变化的商业环境。运用商业生态系统的分析工具和视角来分析通信产业的环境、构成、属性以及效率等方面的问题,可以获得许多重要的研究收获。基于此,本章着重通过商业系统研究框架对我国互联网信息服务业的各构成要素进行分析,以期从中得到更多客观、有益的启示。

一、我国互联网信息服务业商业生态系统现状分析

(一) 环境分析

从商业生态系统的定义看,整个生态系统是一个由"具有一定经济利益关联的组织组成的动态结构系统",这些组织包括"客户群、供应商群、产业领导者群,投资商、金融商、贸易合作伙伴、标准制订者、高校及研究机构、社会公共服务机构、政府以及其他利益共同体单位"。[①] 相比于其他更强调企业自身资源和能力的观点,商业生态系统理论更加强调外部环境的作用。在自然生态理论中,外部环境甚至具有决定性的作用,生活于其间的生物物种更多地要改变自身的性状以适应环境的变化,否则就有可能面临被淘汰的风险。与自然生态系统不同,商业生态系统中的成员并不只是被动地适应环境,也会积极地参与改造环境,克服不利于自身发展环境因子带来的影响,以保障自身健康的发展。

从传统产业视角来看,三家基础电信运营商企业属于通信行业,但随着IP技术在通信领域的广泛渗透,三家基础电信运营商互联网转型的趋势日趋明显,不仅在业务承载网络越来越多地使用了IP技术,而且也不断地推出自有的互联网业务,从这个角度上来看,三家基础电信运营商既是我国互联网骨干网的运营者,同时也是互联网信息服务领域的重要提供者,因此,三家基础电信运营商从某种意义上讲也是互联网企业,是互联网信息服务业商业生态系统的重要组成部分。我们这里所提到的互联网信息服务业既涵盖基础电信运营商的传统业务收

---

① 詹姆斯·弗·穆尔. 竞争的衰亡——商业生态系统时代的领导与战略 [M]. 北京:北京出版社出版集团, 1999.

入，也包含电信增值企业和互联网企业的收入。

对于互联网信息服务业生态环境而言，影响较为突出的两类环境因子是宏观经济形势和政府管制政策。宏观经济景气状况，影响着互联网信息服务消费的总体状况。宏观经济形势好，人们对于信息通信产品或服务的消费需求就比较大，创新较为活跃，产业规模增速较快，反之行业发展就会受到影响。从近年来我国经济总体增长形势与互联网信息通信行业发展情况比较来看，二者表现出了较强的相关关系，如图4-1所示，可以看出，通信行业整体发展情况与外部宏观经济环境密切相关，特别是受全球金融危机的影响，我国经济增长出现下滑，之后随着政策调控措施的逐步到位，经济逐步回稳。与之相似，互联网信息服务行业整体在2008年以后也出现明显下滑，但随着宏观经济环境的逐步改善，整个行业又开始呈现加速发展的态势。如图4-2所示，从2009年开始，我国的互联网信息服务业正在逐步增长，到2014年，包含基础电信业和增值电信业的信息通信业的账面收入为1.73万亿元，增速从2012年最高的16.9%下滑至12.3%；我国基础电信业收入账面数额为1.16万亿元，收入增速为4.1%；近年来发展最快的增值电信业在2014年的全年收入为5600亿元，同比增长36%，占信息通信业收入比重超过30%，增长的贡献率超过80%。随着国民经济水平的不断提高，消费者的信息服务消费规模也不断增加，这也促进了行业的进一步发展，如图4-3所示，从2010年到2015年，我国的信息服务消费规模呈现逐年增长的态势。信息

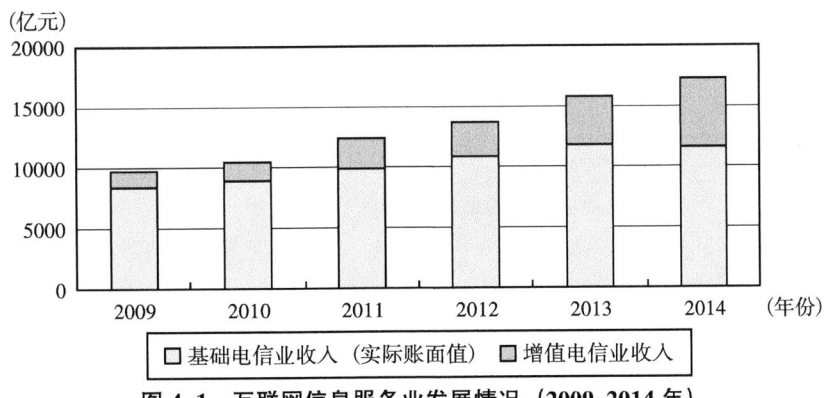

图 4-1　互联网信息服务业发展情况（2009~2014年）

资料来源：中国信息通信研究院. 内部资料深度观察——行业发展领域 [EB/OL]. http://www.catr.cn/.

服务消费规模从 2010 年的 5791 亿元增加至 2015 年的 15468 亿元，其中，新型信息服务消费规模更是在这六年间从 3313 亿元增加至 12459 亿元，新型信息服务消费占全部信息服务消费的比重逐年上升，从 57%上升至 81%。①

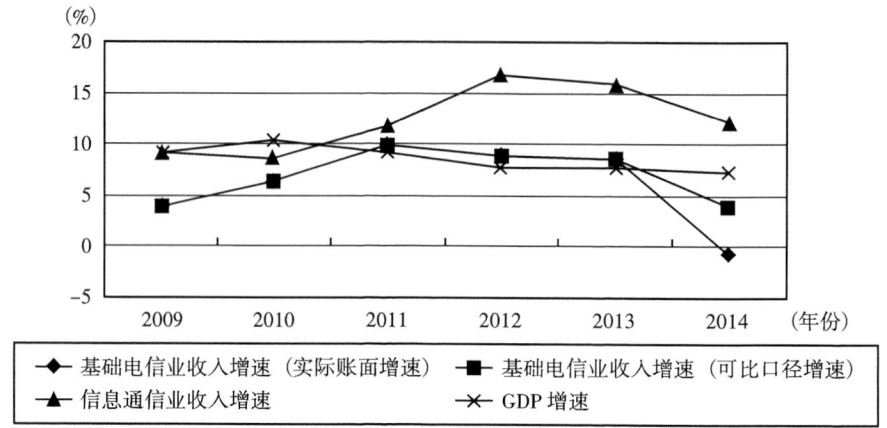

图 4-2　互联网信息服务收入增长率（2009~2014 年）

资料来源：中国信息通信研究院.内部资料深度观察——行业发展领域 [EB/OL].http://www.catr.cn/.

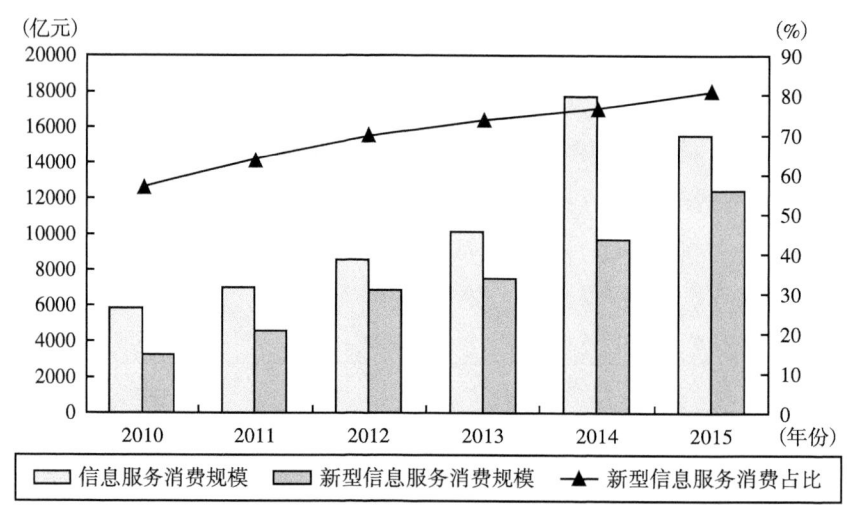

图 4-3　信息服务消费情况（2010~2015 年）②

资料来源：中国信息通信研究院.内部资料深度观察——行业发展领域 [EB/OL].http://www.catr.cn/.其中 2015 年为预计数。

---

① 2015 年数据为估计值，下同。
② 新型信息服务业是近两年来涌现出的主要基于移动互联网技术的新业态、新模式，如新型移动即时通信，移动搜索，新型移动社交服务等。

除了宏观经济环境因子的影响，对于互联网信息服务业而言，政府管制政策对于行业发展的影响尤为突出。回顾我国互联网信息服务业的发展历程，大致可分为四个阶段：一是改革开放后到 1993 年，属于政企合营的阶段。当时的邮电部通过三个"倒一九"等政策，推动我国互联网信息服务业实现了初步发展。二是 1994~2002 年为我国互联网信息服务业改革发展的关键阶段，"打破垄断、引入竞争"成为行业新的历史使命，体制上的变革，进一步释放了生产力，在市场竞争的激励下，互联网信息服务业迎来了新的大发展阶段。2002 年，组建完成省级电信监管机构，部省两级监管体系形成，沟通和决策机制通过实际工作不断完善，为监管政策的有效施行奠定了坚实的基础。三是 2003~2008 年，进入 2003 年中国互联网信息服务业实现了由小到大的转变，开始实现由大到强的目标。2003~2008 年的突出特点是，电信主管部门转变监管思路，在许多监管难题上进行了努力探索，推出了一系列行之有效的监管政策，关注民生，鼓励创新，促进了互联网信息服务业的发展。四是从 2009 年至今，行业主管部门向三家基础电信运营商颁发了全业务牌照，整个行业进入了全业务运营的时代，3G 网络建设加速，电信业务领域加大向民资和外资开放的步伐，推动移动互联网业务新的发展大潮。通信业监管政策红利不断释放，我国互联网信息服务业已实现了向世界第一大网的跨越，电话用户总数跃居世界第一位，互联网上网人数跃居世界第二位，一个覆盖全国、连通世界、技术先进、业务多样的现代通信网已基本形成。2010 年以来，通信产业主管部门会同有关部门，先后出台了"三网融合"、"民间资本进入电信领域"、"宽带提速工程"等多个发展政策，进一步降低了通信行业的政策门槛，丰富了整个市场的服务主体，推动了互联网信息服务商业生态系统进一步繁荣。这也是 2011 年后，互联网信息服务业整体增速超过国民经济增长水平的重要原因之一。

（二）主要构成

随着信息通信技术的推动，通信业的边界在不断地调整，通信产业生态系统中的"物种"越来越丰富，"物种"间的竞争关系也越来越复杂，不同"物种"

间的杂糅创新现象也越来越普遍，形成了一个又一个活力旺盛的生态子系统。物种与物种之间、子系统与子系统之间，相互作用、相互促进，生态系统内部不断调整变化，推动整个系统表现出了较好的健康度，显现了多样性、可持续性、抗风险性强等特点。当前，我国互联网信息服务业商业生态系统主要包括的物种有：

（1）设备提供商及软件供应商，具有较强的技术实力，提供建设和运营电信网络的软、硬件产品或服务，代表厂商有思科、华为、中兴、诺西、大唐等。

（2）增值电信服务提供商或互联网服务提供商，通过提供信息服务（或应用）来吸引用户，并且通过前向收取信息费用或后向收取广告服务费来获取利润。目前，互联网服务行业是通信产业中最为活跃的领域，国内主要代表运营商有新浪、搜狐、网易、腾讯、百度、奇虎360等知名互联网企业，国际上有谷歌、亚马逊、推特、Facebook等。

（3）基础电信运营商或网络运营商，拥有基础电信网络，提供语音和短信服务等基础类电信业务，并通过向互联网服务提供商、内容提供商以及其他产业和部门提供网络连接，获取收入，国内主要运营商代表有中国电信、中国移动和中国联通三大基础电信运营商。随着"三网融合"政策的逐步落实，广电网络公司有可能成为我国第四家基础运营商，进一步加强网络运营市场的竞争。

（4）终端厂商。随着我国3G网络的普及，基于移动互联网的业务应用创新不断，智能终端成了广大网民登录互联网最重要的门户。伴随着智能手机等终端在互联网产业格局中地位的不断提升，原先不同行业的厂商都抢滩进入了智能终端的设计、制造领域，主要代表厂商有：苹果、三星、华为、中兴、联想、诺基亚等。近年来，国内智能手机出货量已超过了国外厂商的出货量，显现了国内厂商不凡的竞争力。

（5）动态产业联盟。包括电信产业联盟、软件产业联盟、金融产业联盟、多媒体产业联盟、互联网产业联盟等，在整个生态中扮演着群落的角色，对于维持生态系统的健康发展具有重要的作用，既能最大限度地保持企业个体的创新活力，又可以协调不同企业分工合作，充分发挥各自特长，共同为用户提供服务，创造价值。

（6）通信用户。整个价值链上的企业获得的利润都来自于终端用户，它是互联网信息服务商业生态系统得以维持发展的基础。

（7）各类子系统。互联网信息服务商业生态系统是本研究中界定的最大范围内的物种集合，涵盖了信息生成、信息加工、信息传输、信息存储、信息接收等各类通信企业。围绕"信息"这个最为基础的服务，在互联网信息服务商业生态系统下，根据每个种群的竞争优势，我们还可以进一步细分出电信产业子系统、桌面互联网子系统、移动互联网子系统等。随着信息通信技术的演进，各个子系统的边界日益模糊，同一物种可能在不同子系统中均伴有重要的角色。例如，基础电信运营商在电信产业子系统中扮演着核心物种的角色，在桌面互联网、移动互联网子系统中同样也是重要的参与者，为互联网应用服务提供着底层的传播服务。

从各类企业在信息服务商业生态系统中扮演的角色看，其分工定位并不固定，表现出了很强的跨界特点，基础电信运营商也可能成为互联网信息服务提供商，网络设备商也可能是手机终端制造商。每个企业不同的功能定位导致在不同生态子系统的作用也不相同。在网络平台系统里，基础电信运营商就扮演核心物种的角色，而在应用平台子系统中，基础电信运营商往往只是起到参与的作用。

（三）主要属性

1. 技术创新性强

通信产业生态系统最为突出的一个特点是技术创新性强。作为推动通信产业发展基础的信息通信技术，被普遍认为是一项通用目的性技术（GPT）。[①] 当前，信息通信技术作为通用目的技术已展现出了巨大的发展潜力，不仅创造出新的增长领域，也加速了传统产业的升级改造，引发经济的倍增效应。聚焦在通信产业领域，技术创新特点表现为"ICT 的预制性标准化创新，信息经济时代的 ICT 标

---

① Lipsey 等（2005）认为通用目的技术"在其整个生命周期总是如此，从一开始就具有广阔的改进余地，并最终被广泛使用，且具有许多用途和溢出效应"。

准往往在技术产品尚未出现就已形成,产业未兴,标准先行,以适应 ICT 技术创新的生命周期快速变化;ICT 的渗透融合化创新,数字技术的迅速创新和全面扩散,把语音、数据和图像信号编码成 0 和 1 的符号进行传输,成为电信网、互联网、广播电视网共同的数字信号,底层数据传输的逐步融合带来业务和市场的融合,新技术、新业务、新市场不断涌现;ICT 互补性创新,ICT 产品和服务更多表现为一个大系统里的子系统,子系统间是一种功能互补协同的关系"。[①] 通信产业的某一子系统的创新促进整个大系统功能的优化提升,又反过来引发各个子系统进一步互补创新。正是技术创新性强这一突出特点,推动着通信产业生态系统不断变化演进。当通信产业生态系统进入移动互联网阶段,创新的周期越来越快,技术创新成为企业博弈的关键。能否在众多竞争者中表现出差异性创新,提供新颖的服务,并跟上移动互联网现有快速发展的节奏,成为竞争的关键。不论企业规模大小、积累多少,只要具备了上述条件就有脱颖而出的可能,而墨守成规、动作缓慢的企业则难逃被边缘化的命运,如图4-4所示。

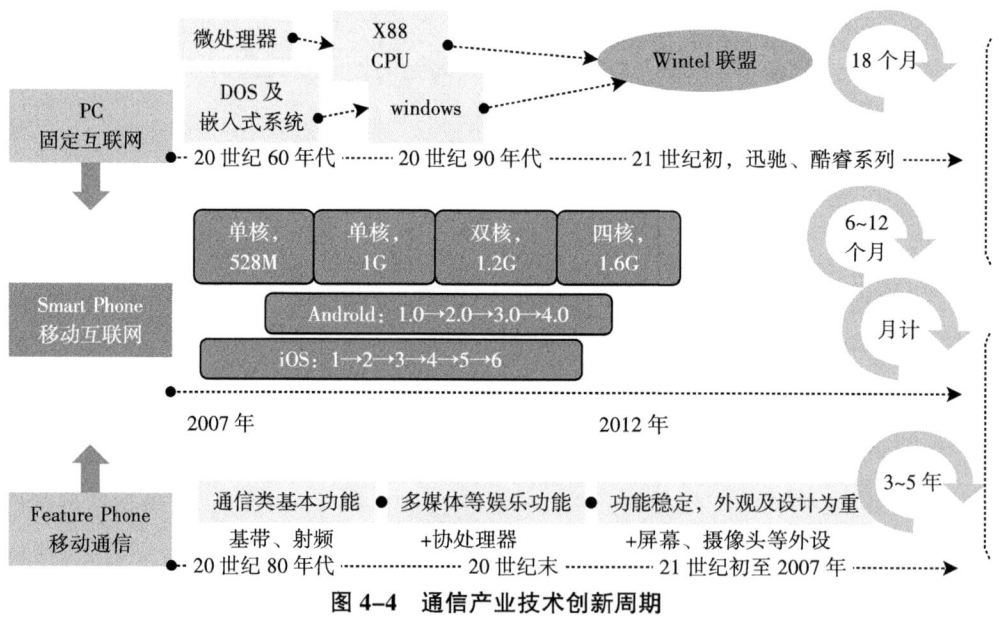

图 4-4 通信产业技术创新周期

资料来源:中国信息通信研究院. 内部资料深度观察——行业发展领域 [EB/OL]. http://www.catr.cn/.

---

① 李保红. ICT 创新经济学 [M]. 北京:北京邮电大学出版社,2010.

2. 价值共享

价值共享，是指"在商业生态系统中，掌控关键资产的核心产品和服务提供商其价值产出（机会）大于实际价值获取，从而形成商业生态系统价值剩余的增生与扩容"。"按照商业生态系统结构，商业生态系统最大的效能就是搭建一个价值创造和价值共享平台，此价值平台把核心厂商、替代互补厂商以及其他组织和政策环境编织成一个商业价值网络"。当前，通信产业生态系统是一个无比复杂的巨系统，在许多细分领域都有很多专业机构在相互竞争，用户的每一项需求正是通过众多细分的专业厂商共同协作来完成的。通信服务或产品是如此的复杂，以至于无法想象只有一个或少数厂商来组织完成全部的工作（工序）。每一个环节上专业厂商都是不可或缺的，都对维持产业生态系统的持续运转具有重要意义。据此，当用户购买了通信服务，从而实现通信服务价值，应当在相关系统中实现共享，让每一个参与的企业都获得收益，以维持相关物种的生存和进化，最终实现整个生态系统的繁荣延续。如果某一具有主宰地位的核心企业只在乎攫取整个系统创造的价值，而不在乎其他缝隙企业的生存状态，短期内也许会实现企业盈利的增长，但最终会威胁到整个系统的健康发展，甚至会消亡。在通信领域，价值共享的理念也逐步被广泛接受，像腾讯这样的巨无霸企业也在认真思考开放共享发展战略的重要性，尝试开放自身业务平台，为合作伙伴创造价值。

3. 协同进化

"协同进化是相互作用着的物种或组织之间共同的进化演变，当适应一个系统的变化会改变另一个系统的适应性，或者反之的时候，这种相互依赖性就叫做协同进化"。在生态系统中，协同进化的现象比较普遍。这种关系既可以发生在互补物种之间，也可能发生在竞争物种之间，如狼群和鹿群的关系，狼将鹿群中老弱病残的个体捕食，促进了鹿群整体健康、活力的提升，又促进狼群不断提升体力和捕食能力。捕食与被捕食者之间不再是简单的竞争或生死存亡的关系，而是双向促进交流、协同进化。对于协同进化，可以理解为一种进化机制，不同物种相互影响共同演化，这种进化机制对生物演化有重要意义；也可以理解为一种进化结果,因为我们所谈到的协同进化体现的是一种协同的关系,从这些实例中我们归纳出了协同进化理论。广义的协同进化可以发生在不同的生物学层次:可以体现在分子水平上 DNA 和蛋白质序列的协同突变,也可以体现在宏观水平上物种形态性状、行为等的协同演化。协同进化的核心是选择压力来自于生物界,而不是非生物界选择压力,如气候变化等。协同进化对于通信产业生态系统的隐喻是极具启发性的。在通信产业生态系统中,不同物种之间、不同子系统(群落)之间不再是简单的互补或竞争替代的关系,更有可能是协同进化的关系。就以目前比较受关注的基础电信运营商和 OTT 业务运营商的关系而言,OTT 软件产品在一定程度上威胁到了基础电信运营商最为核心的话音和短信业务,特别是其免费的商业模式直接打击了基础电信运营商的商业基础。面对这样的挑战,基础电信运营商应当尽快进化自己的能力,基于自身的网络和资源优势,向用户提供具有自身特色的产品和服务,实现自身发展的转型。如果基础电信运营商还是故步自封,简单地反对或谋求遏制 OTT 业务的发展,其结果只能是自身能力的退化,就如同一个种群里越来越多地出现了衰弱的个体,即使抵挡住了 OTT 业务的冲击,一旦再出现其他类似的业务,整个基础电信服务行业都可能被淘汰出局。

4. 跨界融合

近年来,信息技术和通信技术不断融合发展,特别是移动通信技术与互联网技术的融合,推动了移动互联网技术的形成和发展,融合的技术驱动两大领域进一步发生产品融合、市场融合,产业边界日趋模糊消失,业务创新层出不穷,如图 4-5 所示。融合催生的新产业是以信息通信技术为平台的,原先分布在不同产业领域或不同分工地位的主体开始提供可替代的产品或服务,并且具备了与原有产业部门不同的经济技术特点,发展空间和潜力更为巨大,市场主体更加众多,更能满足多样化和个性化的消费需求。从产业生态系统的角度看,技术的发展促使现有的物种或子系统的功能发生了进化,造成以前并不交叉或没有关系的物种之间产生了关联。当不同物种之间由于生态系统内部结构调整而发生重合时,出于对生存空间和资源的争夺,不同物种之间出现了跨种群(行业)的竞争,子系统间的竞争更加激烈。例如，基础电信运营商与OTT运营商之间的竞争，消费电子企业与网络设备商之间的竞争。在移动操作系统领域，以苹果iOS和谷歌安卓为核心的生态系统，由于不断有跨界物种的加入，两大子系统的规模越来越大，竞争的强度也越来越突出。跨界竞争现象的出现，进一步强化了竞争机制的作用，促进了通信产业生态系统技术创新性、协同进化、价值共享的特点更为突出。整个系统由于内部竞争的作用，保持了旺盛的活力，不断持续发展。从更大的视角看，信息通信技术作为通用目的技术为各个产业融合提供了共同的技术基础，跨界融合将不会只停留在通信领域，随着信息网络与IP技术的普遍使用，操作系统的跨平台部署，信息通信技术对传统产业的提升和改造作用也将日益突出。

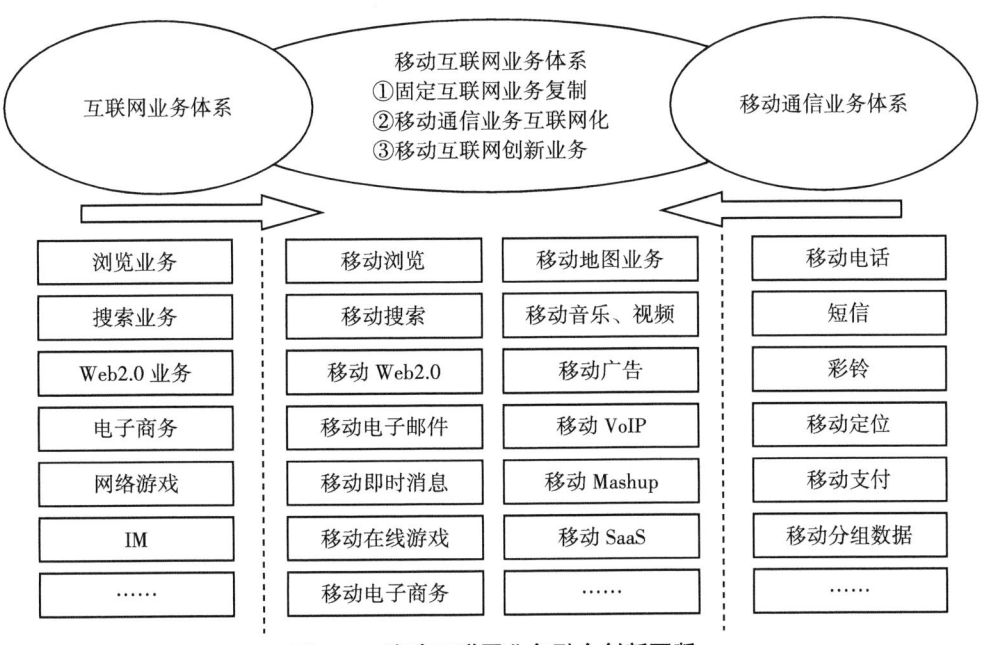

图4-5 移动互联网业务融合创新不断

资料来源：于晓晖.移动互联网的发展机遇和对策[J].世界电信，2009（1）：11.

（四）绩效分析

根据第二章商业生态系统理论中由Iansiti & Levin（2002、2004）提出的可以从"生产率、稳健性和缝隙市场创造力三个维度来考察通信产业生态系统的绩效或健康度",我们分别从这三个指标来衡量互联网通信的商业生态系统的健康性。

1. 生产率

"生产率是指一个生态系统将原材料转变为生命有机体的效能,在商业生态系统中用来反映商业生态系统将创新转化为某种新产品或服务的效能",聚焦到通信产业生态系统,我们可以从两个维度做具体分析:一个是从供给的角度看,另一个是从需求的角度。从供给的角度,我们可以结合图4-1中的互联网信息服务业发展情况(2009~2014年)来进行分析。从2010~2015年,我国的信息服务消费规模呈现逐年增长的态势。信息服务消费规模从2010年的5791亿元增加至2015年的15468亿元,其中,新型信息服务消费规模更是在这六年间从3313亿元增加至12459亿元,新型信息服务消费占全部信息服务消费的比重逐年上升,从57%上升至81%,在国民经济中始终扮演着关键性和支柱性角色。从互联网企业的收入来看,如图4-6所示,基础电信企业和增值电信企业收入中来源于互联网收入的部分逐渐增加。2010年,两大类企业的互联网收入占总收入的比重只有21.2%,到2014年,这个数字达到52.1%,也就是说基础电信企业和增值电信

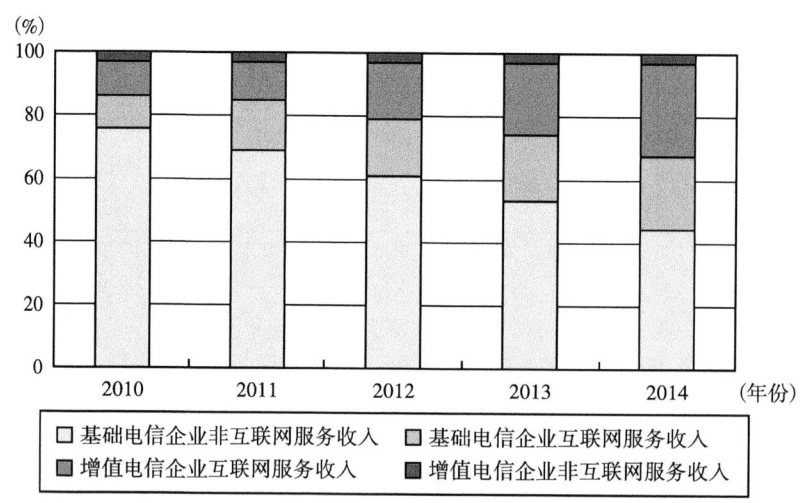

图4-6 基础电信企业和增值电信企业收入来源情况(2010~2014年)

资料来源:中国信息通信研究院. 内部资料深度观察——行业发展领域 [EB/OL]. http://www.catr.cn/.

企业的收入来源中有一半以上都来自互联网,互联网的发展进一步带动了整个生态系统的新一轮爆发式增长。

从需求方面来看,我们可以从用户规模的角度来进行分析,如图4-7所示,2010~2015年,我国移动电话的普及率逐年上升,并将在2015年达到100%,固定宽带的普及率也从2010年的9.4%上升到2015年预计的16%。近年来,随着3G网络的完善以及4G网络的不断普及,我国无线宽带用户也显示出了强劲的发展势头。新老技术在实现更替的同时,移动互联网用户也在不断选择技术更加先进的网络。2014年,我国4G用户仅为1亿人,2015年预计将达到2.5亿人,增长十分强劲。如图4-8所示,在互联网领域,我国的网民数量也在持续不断增加,从2011年的5.13亿人增加到2015年预期的6.73亿人,增长率虽有所下滑但绝对数量呈现出上升趋势。综合以上对互联网信息服务的供给和需求两方面的分析,可以得出,从整体上来看,我国的互联网信息服务商业生态系统呈现供需两旺的局面,生产率水平较高。

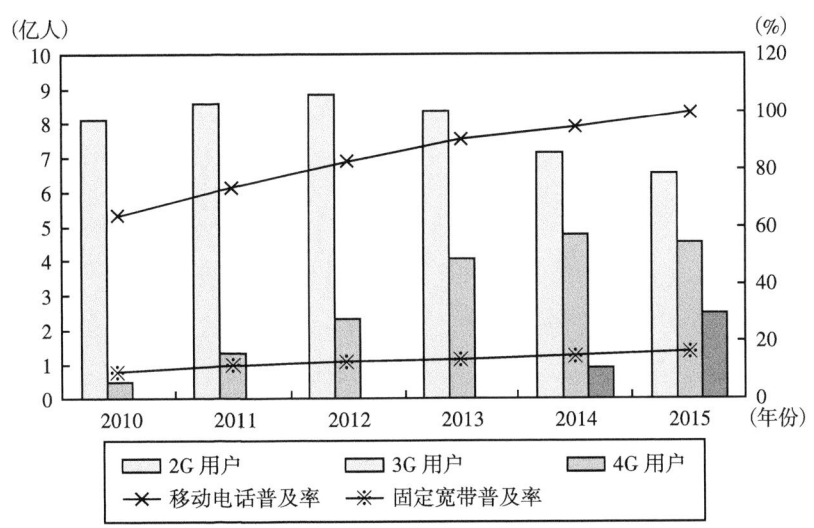

图4-7 基于互联网的信息服务业的用户规模

资料来源:中国信息通信研究院. 内部资料深度观察——行业发展领域 [EB/OL]. http://www.catr.cn/.

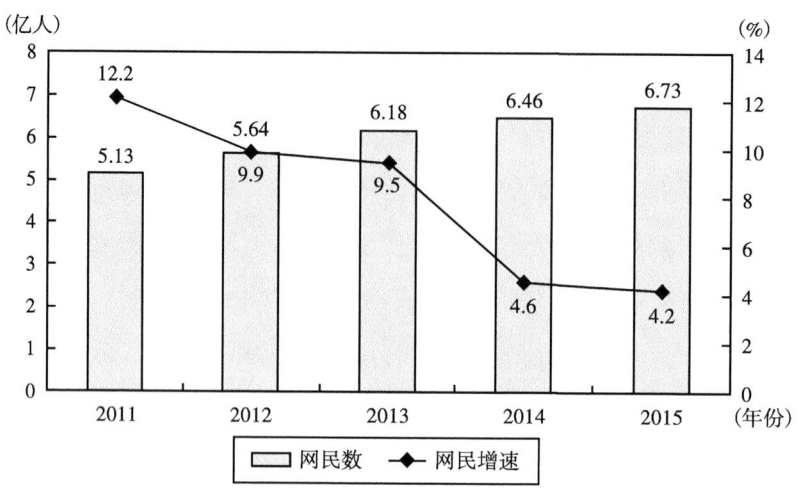

图 4-8　我国互联网网民数与网民增速（2011~2015 年）

资料来源：中国互联网信息中心. 第 35 次中国互联网络发展状况统计报告［EB/OL］.（2015-01-15）. http://www.cnnic.net.cn/hlwfzyj/hlwxzbg/hlwtjbg/201502/t20150203_51634.htm/. 其中，2015 年的数据为预测数。

2. 稳健性

"稳健性用来衡量商业生态系统应对环境干扰和冲击的能力"。回顾我国乃至全球互联网信息服务业的发展历程，信息服务商业生态系统在面对宏观环境变化和自身产业泡沫挤出的考验时，表现出了很强的稳健性。在这一领域最大的冲击即为 2000 年 3 月的纳斯达克泡沫事件。在一系列宽松的货币政策和财政政策的刺激下，美国经济从 1991 年开始复苏，失业率稳步下降，1998~2000 年达到 30 年来的最低水平，同时通货膨胀率和物价水平也被控制在较低范围内。企业负担大大减轻，企业的积极性和创造性增加，为信息技术革命创造了条件。同时，美国从国家利益的战略高度注重发展信息技术产业。随着微软、英特尔等大公司的超常规发展和国际互联网络的迅速普及，以信息技术为代表的高科技产业成为经济增长的主要来源之一，信息技术产业占 GDP 的比重也在逐年上升。新经济的出现为美国实现产业结构调整带来了新生的力量。同时，技术进步极大地提高了劳动生产率，增强了美国在国际市场上的竞争力。1997 年亚洲金融危机的爆发，国际热钱迫切需要寻找新的投资机会，美国"新经济"带来的高回报率和高增长预期，使大量本国和国际的资金回流或流向美国，从而为美国经济的发展，尤其是股市的火爆提供了充裕的资金基础。在此期间，美元呈现持续上升的趋势。同时，美联储在1998年9月至11月期间连续三次降息，以缓冲疲软外部经济造成的负面影响。在这种情况下，投资者为了追求短期的投资收益，追逐受益于"新经济"的股票。随着热钱的涌入以及投资者的不理性，资本市场已经出现泡沫化的趋势。股价增长的速度远远超过了企业盈利增长的速度，纳斯达克市值增长和盈利增长出现了明显的不匹配。在经济繁荣背景下，1995~1999年，道琼斯指数上涨了3倍，而作为新经济代表的纳斯达克综指更是翻了5倍多。投资极度缺乏理性以及市场价值的过度高估使得纳斯达克资本市场的泡沫越吹越大，破裂的风险尽在眼前。2000年初，受美国司法部对于微软的反垄断指控事件的影响，许多公司的第一季度财报显示未达投资者预期，一些".com"公司开始破产，其余保持盈利的公司市值也大幅缩水。2003年3月，纳斯达克指数开始下跌，从2000年3月11日到2002年9月，在短短30个月内，纳斯达克指数暴跌75%，创下6年中的最低点位。伴随着互联网产业泡沫的破灭，千万网站倒闭，当时人们都认为互联网信息服务业会一蹶不振。但是，整个产业在经历了低谷之后，又迅速地开始反弹，新的服务和商业模式不断涌现，整个产业的投资水平有所恢复并超过了前期的水平。尤其是在2008年全球经济陷入金融危机，整体宏观经济形势一片哀鸿的阶段，互联网信息服务商业生态系统特别是移动互联网子系统仍然表现出了很强的活跃度，产业规模稳步增长。以我国互联网风险投资水平看，2012年共披露案例133起，投资总额39.50亿美元；其中创业投资（VC）案例118起，披露投资总额9.84亿美元，占比均为20.8%，案例数量和投资总额均居各行业之首。[①] 2014年第三季度，我国互联网公司投资并购事件为197件，是2013年同期的3.5倍，投资金额超过106亿美元，是2013年同期的1.6倍，如图4-9所示。表4-1也显示出我国互联网领域内的投融资分布涉及诸多领域，其中，金额最大、案例数最多的是生产性服务类，尤其是互联网金融、互联网教育以及互联网旅游领域，由互联网带来的新业态层出不穷，创造出多样性的"物

---

① 资料来源：中国信息通信研究院. 内部资料深度观察——行业发展领域 [EB/OL]. http://www.catr.cn/.

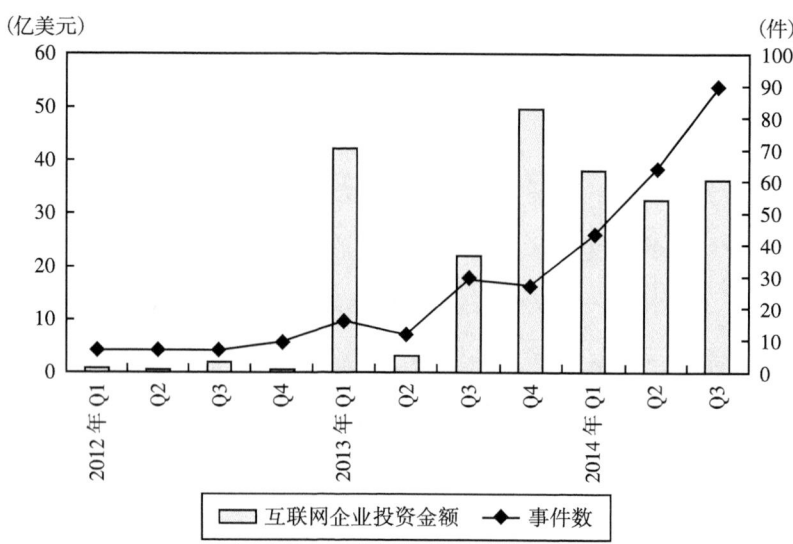

图 4-9　我国互联网企业投资并购情况（2012 年第一季度至 2014 年第三季度）

注：Q 代表季度。

资料来源：中国信息通信研究院. 内部资料深度观察——行业发展领域 [EB/OL]. http://www.catr.cn/.

表 4-1　国内互联网领域投融资分布[①]

领域分类	案例数（个）	金额数（亿元）	金额占比（%）
消费性服务类	211	585.96	26.08
生产性服务类	505	951.75	42.36
行业应用类	187	709.15	31.56

种"，为投资者带来新的发展机会。

3. 缝隙市场创造力

缝隙市场创造力指生态系统的"多样性"，衡量商业生态系统提高自身成员多样性的能力。聚焦到通信产业生态系统，缝隙市场的活力指标格外重要：一是产业生态系统的多样性，对于抗击外来风险的冲击有着重要的缓冲作用；二是对于通信产业生态系统而言，缝隙市场涌现、成熟、衰亡或更新正是整个生态系统的活力根源。回顾通信产业生态系统提供的产品或服务类型，很好地揭示了这一

---

① 资料来源：中国信息通信研究院. 内部资料深度观察——行业发展领域 [EB/OL]. http://www.catr.cn/. 数据截至 2014 年 11 月底。消费性服务包括交流沟通、信息获取、游戏、影音文学，生产性服务包括互联网金融、在线医疗、在线教育、在线旅游、在线约车等，行业应用包括企业服务类应用、网络服务、终端设备等。

第四章 现代服务业的商业生态系统分析

特点。特别是,随着一波又一波创新浪潮的出现,总是会出现一个又一个创新能力超强的企业带着合作伙伴一起发展。衡量缝隙市场的指标,我们依然可以从产品或服务的供给角度和用户市场的需求角度进行分析。从供给角度看,如图 4-10 所示。

图 4-10 我国通信产业生态系统主要物种企业

由图 4-10 可见,围绕着一些核心物种,整个通信产业的缝隙创新能力十分强大,涉及的业务也多种多样,特别是一些技术业务的影响已经不再局限于通信行业,而是进入传统的工业、农业领域,也带动了相关领域发展水平的提升。从用户角度看,各类互联网信息服务用户规模以及手机互联网信息服务规模也在稳步增长,如表 4-2 和表 4-3 所示。

表 4-2 2013~2014 年中国网民各类互联网应用的使用率

应用	2014 年		2013 年		2014 年增长率
	用户规模(万)	网民使用率(%)	用户规模(万)	网民使用率(%)	全年增长率(%)
即时通信	58776	90.6	53215	86.2	10.4
搜索引擎	52223	80.5	48966	79.3	6.7

续表

应用	2014年 用户规模（万）	2014年 网民使用率（%）	2013年 用户规模（万）	2013年 网民使用率（%）	2014年增长率 全年增长率（%）
网络新闻	51894	80.0	49132	79.6	5.6
网络音乐	47807	73.7	45312	73.4	5.5
网络视频	43298	66.7	42820	69.3	1.1
网络游戏	36585	56.4	33803	54.7	8.2
网络购物	36142	55.7	30189	48.9	19.7
网上支付	30431	46.9	26020	42.1	17.0
网络文学	29385	45.3	27441	44.4	7.1
网上银行	28214	43.5	25006	40.5	12.8
电子邮件	25178	38.8	25921	42.0	-2.9
微博	24884	38.4	28078	45.5	-11.4
旅行预订	22173	34.2	18077	29.3	22.7
团购	17267	26.6	14067	22.8	22.7
论坛/BBS	12908	19.9	12046	19.5	7.2
博客	10896	16.8	8770	14.2	24.2

资料来源：中国互联网信息中心．第35次中国互联网络发展状况统计报告［EB/DL］．(2015-01-15)．http://www.cnnic.net.cn/hlwfzyj/hlwxzbg/hlwtjbg/201502/t20150203_51634.htm．

表4-3　2013~2014年中国网民各类手机互联网应用的使用率

应用	2014年 用户规模（万）	2014年 网民使用率（%）	2013年 用户规模（万）	2013年 网民使用率（%）	2014年增长率 全年增长率（%）
手机即时通信	50762	91.2	43079	86.1	17.8
手机搜索	42914	77.1	36503	73.0	17.6
手机网络新闻	41539	74.6	36651	73.3	13.3
手机网络音乐	36642	65.8	29104	58.2	25.9
手机网络视频	31280	56.2	24669	49.3	26.8
手机网络游戏	24823	44.6	21535	43.1	15.3
手机网络购物	23609	42.4	14440	28.9	63.5
手机网络文学	22626	40.6	20228	40.5	11.9
手机网上支付	21739	39.0	12548	25.1	73.2
手机网上银行	19813	35.6	11713	23.4	69.2
手机微博	17083	30.7	19645	39.3	-13.0
手机邮件	14040	25.2	12714	25.4	10.4
手机旅行预订	13422	24.1	4557	9.1	194.6
手机团购	11872	21.3	8146	16.3	45.7
手机论坛/BBS	7571	13.6	5535	11.1	36.8

资料来源：中国互联网信息中心．第35次中国互联网络发展状况统计报告［EB/DL］．(2015-01-15)．http://www.cnnic.net.cn/hlwfzyj/hlwxzbg/hlwtjbg/201502/t20150203_51634.htm．

表4-2、表4-3显示出在互联网信息服务商业生态系统中，新的业务、新的应用不断涌现和成长。例如，近年来出现的微博和微信产品，出现的时间只有短短两三年，而成长却十分迅猛。这一方面说明，我国互联网信息服务业商业生态系统中，缝隙市场十分活跃；另一方面也揭示了缝隙市场活跃的原因：一个好的创意，依托于我国庞大的互联网信息服务用户群体，就能很快跨过网络产品（服务）增长的临界点，形成自我循环增长的机制。

二、我国互联网信息服务商业生态系统演进分析

如同自然生态系统能够不断繁衍生息一样，信息服务业的商业生态系统，自从20世纪中后期互联网出现以来，基于互联网的信息服务创新就层出不穷。新业务、新功能、新商业模式不断涌现，信息的生产和消费活动达到了一个空前的发展水平。那么，促进互联网信息服务商业生态系统演进的驱动力是什么，又是什么驱动着信息服务创新源源不断地涌现？对于这个问题的回答，我们既需要考虑技术推动创新产生的一般规律也要考虑互联网信息服务创新自身的特点。经济学家熊彼特将创新概括为五个方面，包括引入新的产品、采用新的技术、采用新的组织管理方式方法、开拓原材料的新供应源和开辟新的市场。我们可以看出，这其中涵盖了驱动创新涉及的技术、管理、需求等因素。我们认为，新的技术、新的组织管理方式以及新的原材料供应都属于生产产品（服务）供给一方的创新驱动因素，新的产品、新的市场满足消费者新需求的属性更强。基于此，我们将创新动力机制概括为两大方面：消费需求拉动以及供给驱动，因为互联网信息服务业的技术属性较为突出，我们将供给驱动的因素进一步聚焦于技术。

（一）演进阶段

回顾互联网信息服务业商业生态系统的演进历程，根据主导物种、物种间关系变化以及占主流子系统的变化情况，互联网信息服务业商业生态系统的发展过程大致可以分为三个阶段：

第一阶段：传统电信业务提供阶段。在这个阶段，整个生态系统的构成较为简单，提供的服务主要是语音和短信服务，主要构成物种包括设备商、软件商、电信运营商、终端厂商、消费者等，企业间呈现线性关系。电信运营商为整个体系的核心物种，负责业务的研发设计、运营维护、产品营销、支付渠道管理、客户管理等各个环节。设备商、软件商等按照电信运营商的要求，进行网络设备的部署和运维。手机厂商根据网络运营商的业务内容提供相应的手机终端。电信运营商占据了整个系统价值的绝大部分，其他厂商依附于电信运营商而生存，由电信运营商主导子系统占到了互联网信息服务业商业生态系统的主导地位。

第二阶段：电信业务创新与桌面互联网并存的阶段。在这一阶段，移动通信进一步发展，电信运营商通过 GPRS（2.5）网络开始向用户提供数据服务。其典型代表模式是：中国移动通过 WAP 协议构建了相对封闭的"移动梦网"，为用户提供移动增值服务。广大 CP/SP 企业通过接入梦网，为电信用户提供信息内容服务或应用。与此同时，桌面互联网开始快速发展，门户网站、及时通信、搜索服务成为吸引广大用户的主要互联网服务。这一阶段的核心物种依然是电信运营商，互联网企业的盈利模式还没有最终成型。但互联网商业子系统开始爆发式增长，物种更加多样复杂，表现出更加强劲的增长趋势。

第三阶段：移动互联网融合发展阶段。在这个阶段，网络侧 IP 化演进继续深入，接入侧 3G 网络不断普及，用户侧智能终端成为广大用户登录互联网的主要门户。整个互联网信息服务业商业生态系统呈现出了爆发式的增长，以智能手机出货量看，2014 年 1~11 月我国手机市场累计出货量为 4.1 亿部，同比下降 22.5%，其中移动智能终端出货量为 3.5 亿部，同比下降 8.2%，市场占有率达到

86.1%。其中,4G 手机出货量明显增长,2014 年 1~11 月达到 1.4 亿部,占比达到 34.4%,同时,2G 手机出货量和 3G 手机出货量分别为 5388.0 万部和 2.1 亿部,同比分别下滑 65.9%和 41.9%。[①] 在智能终端不断涌现的过程中,新的业务也不断出现,信息化、移动互联网领域、生产性服务成了互联网信息服务商业生态系统创新的重要领域。"物种"间的关系变得更为复杂,不同行业的企业开始出现跨界发展,在智能手机领域,除了传统的手机制造厂商外,电信运营商开始定制手机,华为、中兴等网络设备商主攻智能千元机,百度、奇虎 360、小米等互联网企业也在积极试水。智能终端业正由手机向平板电脑、智能电视,甚至可穿戴设备、汽车电子、家居电子等延伸,将形成更多元化的计算产品,并将推动生产生活方式的变革创新。不同行业的企业开始白热化的跨界竞争。由于新的价值环节的出现,整个价值链呈现出垂直专业化趋势,企业在价值链中的角色在相互渗透和融合,竞争和合作的格局更加复杂,一些传统的游戏规则被打破,同时各方市场地位也面临着重新洗牌,电信运营商的核心地位受到了巨大冲击。平台运营商成为整个产业系统的核心物种,网络平台运营商、智能手机操作系统平台商、信息服务平台运营商成为企业努力追逐的焦点。在这个阶段,移动互联网商业子系统逐渐成为整个通信产业系统的主流,原先的主导运营商——基础电信企业也在积极谋划,从事移动互联网商业模式的转型,希望避免被边缘化的命运。

值得注意的一点是,尽管在互联网信息服务商业生态系统的每个阶段,占主导地位企业的格局发生了调整,并不代表着以前阶段的产品或服务不再存在或以前的主导企业不再有影响。而只是表明,在这个阶段,通信生态系统价值创新点以及价值分配的机制发生了变化。以前的通信服务产品依然可能具有广泛的市场基础,只是已不再是价值持续增长的源泉。以前的主导企业,已不能再通过原有机制掌控整个生态系统或价值链,必须探索转型。例如,语音服务一直是基础电信企业的市场基础,但在移动互联网发展阶段,语音服务成为一个基本的通信服

---

① 资料来源:中国信息通信研究院.内部资料深度观察——行业发展领域[EB/OL]. http://www.catr.cn/.

务模块,而不是互联网信息服务的全部。与此相伴的是,基础电信企业已不能再依托语音或短信服务,也不能再主导互联网信息服务商业生态系统中的价值分配,甚至面临着被边缘化的风险。

(二) 变化特点

与十多年前的信息服务商业生态系统的市场格局对比,现阶段,整个系统内的核心物种、主导子系统、主要业务服务内容、商业组织模式都发生了巨大的变化,这些变化也揭示着通信产业未来发展的趋势。

一是基础电信企业收入结构进一步调整。基础电信企业的撒手锏业务——语音收入贡献进一步萎缩,如表4-4所示。从基础电信企业各项收入对总收入的拉动率来看,2010~2014年,固定语音业务对基础电信企业的总收入拉动率一直为负,不仅如此,移动语音业务和移动增值业务收入对总收入的拉动率也在逐步由正转负,与此相对应的是,移动数据和移动互联网业务收入对总收入的拉动率逐渐上升,由2010年的1.16%增加到2014年的7.38%,移动数据收入占基础电信企业收入的比重从2012年的11.8%上升至2015年的33.3%。[①] 从这个角度上来

表4-4 基础电信企业各项收入对总收入的拉动

单位:%

影响因素	2010年	2011年	2012年	2013年	2014年	2014年与2013年相比
固定语音	-2.51	-2.58	-0.66	-0.62	-0.63	-0.01
固定增值	-0.20	0.11	0.28	0.23	0.43	0.20
固定数据及互联网	1.91	1.59	1.44	1.07	0.71	-0.36
移动语音	4.37	3.65	2.28	0.90	-2.38	-3.28
移动增值	2.14	-1.17	1.39	0.06	-1.94	-2.00
移动数据及互联网	1.16	7.40	4.19	6.68	7.38	0.70
其他	-0.47	1.01	0.08	0.37	0.43	0.06
合计	6.4	10.0	9.0	8.7	4.0	-4.7

资料来源:中国信息通信研究院.内部资料深度观察——行业发展领域[EB/OL].http://www.catr.cn/.

---

① 2015年数据为预测数。

说，基础电信企业亟须加速转型探索，以期在互联网信息服务商业生态系统中重新获得主导地位。

二是OTT类互联网业务创新不断，逐渐成为气候。互联网业务创新模式对电信业务模式产生了巨大冲击。随着信息通信技术的进一步发展，互联网领域的免费服务及相应的商业模式，终于扩散到了传统电信服务领域。以短信为例，在2012年OTT类互联网业务爆发，基础电信企业文本短信业务量同比增长仅2.1%，增幅回落明显加快；短信业务收入则下降1.4%。2012年，腾讯微信日发送文本消息量达到10亿条，接近中国移动点对点短信日发送量11亿条的水平。受OTT类业务的冲击，传统的短信、语音类业务增长进一步放缓。这种情况并非我国独有：欧洲运营商短信收入也面临快速下降。由于Whatsapp等应用的冲击，2012年第三季度欧洲5个国家12家运营商的短信收入同比下降19%。除此之外，2012年以来移动社交应用凭借更为紧密的人际关系成为核心流量承载平台，引领新一轮OTT模式竞争于操作系统平台之上，构建全球产业新的竞争焦点，移动社交成为移动互联网应用核心流量平台，替代移动通信，微信已跨界形成移动互联网核心并逐步颠覆移动通信核心。

三是互联网信息服务商业生态系统价值分配进一步向互联网领域集中。2014年全球前十大互联网公司营业收入为2600亿美元，同比增长了26.9%。阿里巴巴上市成为全球规模最大IPO。互联网市值高速攀升，达到1.7万亿美元，增长了50%。[1] 在全球互联网公司的前30强中，美国有17家，中国有9家。2014年，我国互联网企业掀起新一轮上市热潮，上市企业激增12家，总数达70家。2014年底，我国互联网企业的总市值达到4.0万亿元，同比增长137%。[2] 2014年底，我国互联网企业的营业收入持续高速增长，达到4900亿元，同比增长48%。市值达到千亿美元以上的有两家企业，分别为阿里巴巴和腾讯，市值超过百亿美元的互联网企业有四家，分别为百度、京东、网易和唯品会。在互联网信息服务商

---

[1] 这里的市值时间节点为2014年12月21日。
[2] 资料来源：Wind数据库，企业财报数据。

业生态系统中，预计到 2015 年底，基于互联网的服务收入将超过 1.2 万亿元，占整个互联网信息服务业总收入的 60% 以上，基础电信业收入将达到 1.18 万亿元，同比增长 5.4%，增值电信业收入 7795 亿元，同比增长超过 38%。这都表明了在整个互联网信息服务商业生态系统中，价值分配进一步向互联网领域倾斜，在此基础上，基础电信业也在进一步加大转型步伐，如在流量经营方面，由语音经营向流量经营转变，在计费模式方面，由电信化向互联网化方向转变。同时，基础电信企业还通过拓展新业务运营的方式开辟新的市场，逐步扩大物联网、云服务等，通过在商业生态系统中对产业链进行垂直整合，开展生态经营、融合创新，并探索资本经营。

四是智能终端成为个人信息服务中心。随着 4G 网络和移动互联网应用服务的创新发展，以智能手机为代表的移动智能终端已经演进成为个人信息服务中心，成为用户登录互联网的重要入口。截至 2014 年 11 月，全球移动用户已突破 70 亿户，普及率约 97%，全球智能手机用户渗透率 30%。在我国，智能手机用户渗透率则超过 50%，我国移动宽带用户占比已接近 52%，智能终端占比比例近 70%。截至 2014 年底，我国移动电话用户为 13.5 亿户，其中 3G 用户为 4.5 亿户，4G 用户达到 2.5 亿户。2013 年全球智能手机出货量超过 10 亿台。受移动计算和低成本设备驱动，2014 年前三个季度全球智能终端出货量同比继续增长，达到 905 亿台。随着北美和欧洲智能机市场趋于饱和，智能手机销售需求转移到中国和其他发展中国家。2013 年全球智能手机出货量增长率高达 39.2%，而 2014 年前三个季度同比增长 25.7%，增速有所下降。2014 年 1~11 月，我国 4G 手机出货量明显增长，达到 1.4 亿部，占所有手机出货量的 34.4%。2014 年 1~11 月，我国 2G 手机出货量为 5388.0 万部，3G 手机出货量达到 2.13 亿部，同比分别下滑 65.9% 和 41.9%。① 智能移动终端的独特性让移动互联网改变了互联网产业的基本要素。国际互联网巨头谷歌以智能终端操作系统 Android 为支点发起了移动互联网业务的竞争，"互联网公司、消费电子公司、电信运营商、终端厂商甚

---

① 中国信息通信研究院. 内部资料深度观察——无线与移动领域 [EB/OL]. http://www.catr.cn.

至芯片厂商之间，围绕智能终端开展竞争，其融合效应远远超过目前所有已知的产业融合，如固定与移动融合、三网融合，让互联网延伸至更广泛的领域、产生更深远的影响"。

(三) 动力机制

回顾互联网信息服务业的发展历程，整个商业生态系统受到内外部影响因子的作用而不断演进和发展。关于外部环境因子的影响，我们已在前文做出了分析。而互联网信息服务商业生态系统作为一个复杂系统，本身也是一个自组织系统。[①] 从这个性质出发，互联网信息服务商业生态系统内部因素是推动生态系统不断演进的主要动力。

1. 信息消费需求驱动因素分析

从人们对信息消费的需求看，信息获得的快捷性和高质量构成了信息消费需求的两项主要评价指标。所谓信息获得的快捷性，从字面意思理解就是生成的信息能够及时地递送出去，强调信息交流速度方面的要求。与信息快捷相比较，信息质量蕴含的内容更为丰富，包括信息获得的便利性、信息内容的准确性、信息展示的多样性等。回顾人类社会发展历程，这两项需求内容一直推动着通信服务领域的创新发展。进入信息网络时代，信息服务更是表现出前所未有的创新能力，具体而言，信息消费需求的快捷性拉动了通信网络建设的宽带化、光纤化和智能化，网上信息接入和传输的速度在短短的几年内从几十K个字节迅猛增加到了几十兆、上百兆，网上路由设备的升级换代使得网上信息的路径选择更加智能，这些都极大地提升了人们获得信息的快捷性；对于信息质量的追求催生了移动通信、多媒体通信、移动互联网等新技术、新业务的高速发展，并且随着信息内容的海量化，也进一步推动了高性能存储、智能计算等技术的革新演进，保障人们在快速获得信息的同时，信息质量同步提高。由此可见，正是人们对于信息

---

① 所谓自组织系统是"指不依赖外部指令，系统按照相互默契的某种规则，各尽其责而又协调地自动地形成有序结构的系统"。

"随时、随地、随意"的消费需求推动着信息服务行业新技术、新业务的不断涌现，整个行业不断向前发展。据此，我们梳理总结出信息服务创新的消费需求拉动机制，如图4-11所示。

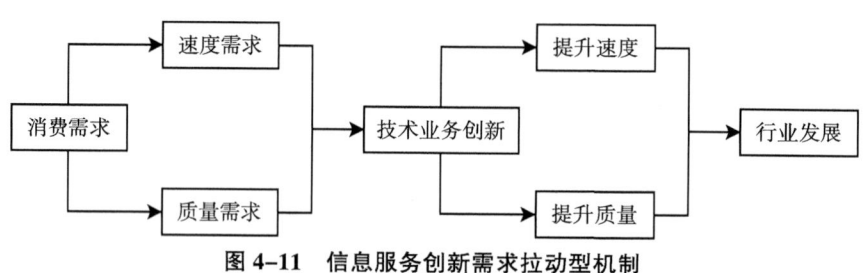

图4-11　信息服务创新需求拉动型机制

2. 信息技术演进驱动因素分析

对于互联网信息服务业，技术影响更加突出，信息通信技术的不断演进推动着新业务、新应用不断涌现。通信服务技术涉及信息内容的收集、存储、分析、处理、传输、分发等，是对信息内容时空属性的改变。与提供商品或服务相比，通信服务的技术属性更为突出，技术革新的能力对于整个行业的快速发展起到关键作用。人们对于信息通信服务的消费需求，一直存在着"随时随地与任何人交流任何形式的信息"的追求，但一直到近现代随着信息通信技术的突破性发展，信息通信服务的形式才发生了根本性变化。可以说没有技术创新，信息通信服务的发展就成了无源之水、无本之木，如图4-12所示。

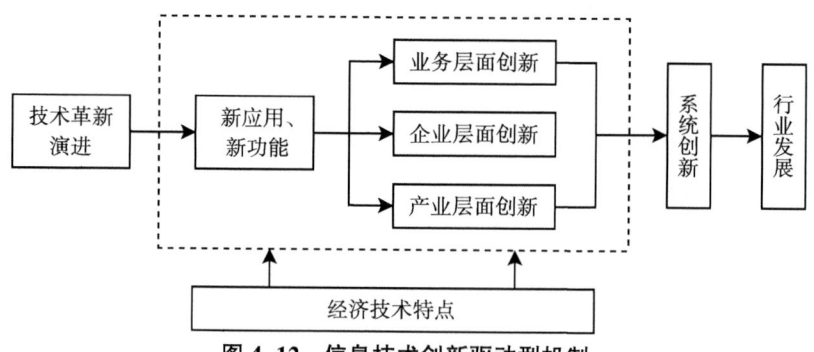

图4-12　信息技术创新驱动型机制

以基础电信服务为例，电信技术从固定通信向移动通信的革新演进，不仅满足了人们对随时随地进行信息交流的需求，也最终培育了万亿元的移动通信服务市场；移动通信技术从第一代的模拟通信技术向第三代移动宽带通信技术的革新演进，不仅满足了人们在移动中语音的需求，更是实现了数据、语音和视频的三重服务。再以互联网服务为例，信息通信技术始终扮演着关键角色。在第一代互联网中，TCP/IP协议实现了计算机的互联；在第二代互联网中，Web技术将上万个网站上的网页连接起来，实现了信息浏览以及电子商务等信息服务；在第三代互联网中，实时多媒体技术推动富媒体业务成为互联网上的主流业务，对互联网的发展提出更高的要求（邬贺铨，2009）。互联网大规模发展正是受益于信息通信技术的不断革新。乌家培（2000）提出互联网经济的产生"是在不同的技术领域同时发生的三场革命的结果"。第一是数字化革命，使得一切信息可以按照"0"和"1"的组合，精确表达，迅速传递；第二是光导纤维，使得信息传输容量和传递速度发生革命性变化；第三是计算成本大幅度下降，硬件、软件等网络终端得以迅速普及。正是信息通信技术的不断演进革新，才促使现在信息服务业与十年前的信息服务业相比发生了巨大的变化。

（四）实现途径

在当前互联网信息服务商业生态系统中，基于平台模式的发展战略成为整个业界的共识，谁能建设并持续运营一个独具特色的平台，黏住使用平台的用户，成为抢占行业发展制高点的关键举措。在互联网信息服务商业生态系统中，平台对于业务提供、企业竞争以及产业组织都有重要的影响。平台的变化更迭推动着整个生态系统的发展演进。

1. 平台的理论基础

所谓平台，"指通过对技术标准、用户接口界面以及交易规则等设计和优化，为平台两组（边）的用户创造条件或环境，通过提供用户所需的资源、能力、业务，为用户带来价值，促使两边用户在该平台上达成交易"。①从平台的定义看，其核心是两部分内容：一是一组技术接口标准和用户界面，构成了平台的物质实现；二是两边或多边用户利用这个平台开展交易，进行价值交换，构成了平台的价值实现。这两个层面互为条件，互为基础，相互促进。平台良好的物质实现部分将会促进相关用户的交易活动。活跃的用户交易为改进和优化平台的服务功能提供了源泉和动力。按照不同标准，平台有不同类型：一是按照平台的开放程度，分为开放平台、封闭平台和垄断平台；二是按照平台连接性质，分为纵向平台、横向平台和用户平台；三是按照市场交易功能，分为市场制造者、用户制造者和需求协调型。②平台的网络外部性，表现在两个方面：一是直接网络外部性，指一种产品因新消费者的加入能够使同种产品的其他消费者的效用增加，即市场中用户能够从更多的同类用户中受益，表现出需求方的规模经济，典型业务应用有电话、即时通信、电子邮箱等；二是间接网络外部性，指用户使用某种网络产品的价值随着与该产品相兼容的互补性产品（服务）种类增加而增加，核心产品（服务）与辅助产品之间的互补性进一步增加了平台对用户的效用，如计算机硬件与操作系统、操作系统与应用软件、电信基础服务与增值服务等。

2. 基于平台的业务提供模式

从平台定义和类型看，平台为用户提供了业务开展所需要的环境或条件，是一个现实的或者虚拟的空间，其核心是通过提供用户所需的资源、能力、业务，为用户带来价值。在传统经济领域，基于平台的业务提供模式并不鲜见，如拍卖行、房屋中介、购物中心、电视、杂志等。在网络经济技术条件下，基于平台提供信息服务方式的优势将更加突出：一是平台为海量信息传播提供了汇聚的节点，不仅会提升平台自身的价值，平台提供的检索、分类、话题等功能也极大地减少了搜索信息的成本，增加信息供给与需求的匹配度，提升信息经济服务效率；二是在Web2.0阶段，多点对多点的交互传播将成为主流信息服务模式，平

---

① 程贵孙，陈宏民，孙武军. 双边市场视角下的平台企业研究 [J]. 经济理论与经济管理，2006（9）：55-60.

② 徐晋，张祥建. 平台经济学初探 [J]. 中国工业经济，2006（5）：40-47.

台的存在更加有利于信息生产和传播的定制化，信息内容更加丰富，信息递送更加精准，更易满足用户的个性化信息消费需求；三是平台双边市场的特点为互联网经济后向收费方式提供了天然的土壤，更易形成一个可持续、可循环的商业模式，从而实现平台运营商和平台使用方的良性互动，即平台为用户（生产者和消费者）创造价值，用户（生产者或消费者）为平台运行维护支付费用。

3. 基于平台的竞争优势

按照波特的竞争理论，企业竞争优势主要来自三个方面：规模经济、成本领先和产品差异化。企业如果具备上述三方面的能力，将在市场竞争中处于优势地位，并获得超额的市场回报率。在网络经济技术环境下，平台模式是实现这些竞争优势的不二选择。按照梅特卡夫法则，网络经济价值等于网络节点数平方，因此网络产生的效益将随着网络用户规模的增加呈指数形式增长，并且在马太效应的作用下，优势或劣势一旦出现并达到一定临界点，就会导致增加或削弱的趋势不断自行强化，出现"强者更强，弱者更弱"的垄断局面。如果信息服务企业能够先行一步建立平台，网络效应、马太效应就会发生作用。随着平台用户规模的不断扩大，平台的规模经济和成本领先优势将会不断强化，对后来者进入产生较高的门槛。因此，能否打造一个具有先发优势的平台，是网络经济技术环境下，信息服务企业获得市场竞争优势的重要发展战略。

4. 围绕平台运营商的产业组织模式

企业业务平台最终能够将竞争优势转化为竞争胜势的关键因素是企业作为平台运营商能否聚集越来越多的合作伙伴和用户。从产业组织角度看，平台运营商通过开放平台的战略举措，整合价值链各环节，形成一个多方共赢的新型产业生态系统。这需要注意两点：一是整个产业系统需要一个核心领导企业，在网络经济阶段，这个核心领导企业就是平台运营商。平台运营商的责任不仅是建设一个平台，更重要的是不断维护、运营、优化这个平台，制定平台游戏规则，为第三方开发者提供标准化的服务，通过战略合作、投资入股、战略联盟等方式，实现各方合作长期性和稳定性，同时要强化平台的服务功能，确保平台界面友好，为用户使用平台创造简单、便利的条件。二是整个系统是一个开放平等的系统，各个环节通过有效合作，实现整个系统的价值最大化。

5. 平台更迭驱动的系统演进分析

根据业务网络分层，互联网信息服务商业生态系统平台技术体系包括"云、管、端"三个层面技术和安全支持技术，从云端到终端，技术平台分别有：通信生态应用服务平台技术、网络平台技术、智能终端软件平台技术、智能软件硬件平台技术四类。四类平台技术的创新演进，融合突破，不断促进新的应用、新的业务、新的商业模式的涌现。四类平台技术的创新突破，并不是单兵突进的，一类平台技术的创新突破，不仅能极大地改变自身平台的功能性能，也会对相关联的平台提出更高的要求，带动其他平台也进行技术创新，如此逐一传导，产生巨大的"裂变"效应，引发整个生态系统的技术创新风暴，内生地驱动同类平台间（甚至不同平台间）的竞争替代，促进整个通信产业生态系统内提升水平的提升。

聚焦到互联网信息服务商业生态系统演进历程，我们可以发现，不论是早期由基础电信运营商主导的"花园围墙"平台模式，还是当前由智能终端操作系统运营商或互联网应用运营商主导的开放平台模式，平台在整个生态系统中始终扮演着重要的作用。在动力机制一节，我们提出了用户需求和技术创新是通信生态系统不断演进发展的两大动力机制。当我们聚焦于生态系统中的核心——各类平台时，使这两大动力机制有了具体的载体。特别是对于通信生态系统而言，信息通信技术成为推动通信产业生态系统演进的核心因素。回顾通信服务的演变提升历程，用户需求方"随时随地"的信息服务需求始终存在，但始终受限于信息通信技术发展的制约。随着信息通信技术的创新演进，不断释放着用户的信息通信需求，推动着生态系统内主要平台的定位和功能的不断完善优化，由此带动整个通信生态系统的演进变化。在平台量变积累阶段，技术和应用创新不断被吸纳到平台中来，丰富和强化着平台的服务功能。作为核心物种的平台运营商，必须要让合作伙伴发挥各自的优势，围绕平台进行研发，让价值链各方都能在合作中获得利益。聚焦在通信生态系统中，各类物种包括：电信运营商、网络设备供应商、内容服务提供商、系统集成商、终端设备生产商、应用开发商、软件开发商、最终用户等上中下游多个参与者,平台运营商可能是其中的某一组成部分,与价值链的其他合作方一起,使整个系统实现良性发展。

一旦现有平台无法最大限度地反映和包容技术和应用创新,平台更迭的情况就会发生,由于核心平台对于企业的业务提供、竞争战略以及产业组织形式都有重要影响,平台的演进必然会引发生态系统的发展变化,如图4-13所示。

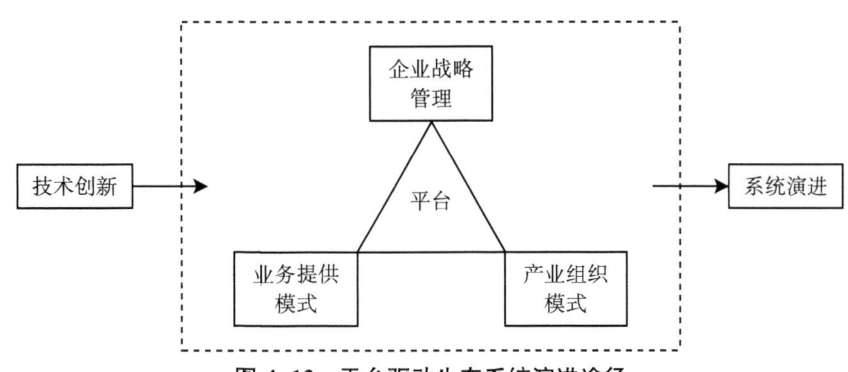

图 4-13 平台驱动生态系统演进途径

技术创新对于平台的影响直接表现在:一是对于现有平台核心功能的弱化,造成该平台生态子系统健康度、活力度下降。例如,某一平台的核心功能是基于桌面互联网的点对点或点对多点的即时通信服务,围绕这一核心功能不断丰富平台的服务功能,如增加游戏、音乐、支付、电子商务等。在这一过程中,即时通信服务作为核心功能的作用不会被弱化,反而是一步一步被强化,成为平台运营商屡战屡胜的重要法宝(这实际就是腾讯QQ的发展战略)。随着4G网络和智能手机的引入,基于桌面互联网的即时通信功能,在一定程度上受到了基于移动互联网的移动社交、移动即时通信等功能的替代。造成其影响力受到削弱,围绕其形成的平台生态子系统的健康程度也会受到了影响(如腾讯微信平台以及新浪微博平台对于腾讯QQ平台的冲击)。不过,由于用户偏好多元化的存在,基于桌面互联网的即时通信功能依然会长期拥有市场。从通信生态系统角度看,除基于桌面互联网的应用平台子系统外,又形成了基于移动互联网的应用平台子系统,整个大的生态系统的盈利性、多元化、抗风险性等都进一步提升。二是对现有平台的根本性破坏,引发该平台上的物种发生大规模迁移,从而造成该平台子系统的消亡。如日本、中国等移动通信运营商主导的"围墙花园"平台模式（所谓围墙花园，是指运营商设立相关准入标准与合作要求，只有达到准入标准，并愿意遵循合作要求的外部伙伴才能够与运营商开展合作，通过代收费，与运营商合作的公司获取收益，呈现欣欣向荣的花园景象，而不与运营商合作的公司，由于难以获得收入，在荒漠中苦苦挣扎），随着移动宽带技术标准和产业链的成熟，"围墙花园"平台模式的技术和商业基础受到了根本性破坏，引发了大量CP/SP的外逃迁移，最终引发了"围墙花园"生态子系统的强烈萎缩。从互联网信息服务商业生态系统的整体看，受到破坏的平台子系统正在逐步消亡，更具活力的平台子系统在繁衍丰富（如在线应用商店模式）。与过去相比，经过技术演进洗礼的通信生态系统功能和生命力将更加强大。

（五）案例：在线软件商店的兴起

1. "围墙花园"的典型代表

"围墙花园"平台的典型代表是 NTT DoCoMo（日本一家电信公司，日本最大的移动通信运营商，拥有超过6000万个签约用户）的 i-mode[①] 模式和中国移动的移动梦网模式。NTT DoCoMo 于1999年2月推出 i-mode 移动互联网商业模式，提供无线数据增值服务。该业务是由通信产业生态系统中多个物种企业共同合作向用户提供服务，其中 NTT DoCoMo 作为核心物种，负责运营 i-mode 平台，大量 CP/SP 企业（增值电信企业，CP—Content Proviser，内容提供商，SP—Service Proviser，服务提供商）通过 i-mode 平台向通信用户服务。i-mode 模式取得了巨大成功，直接推动了日本移动互联网产业的繁荣发展。借鉴日本同行业经验做法，中国移动在2001年推出了移动梦网计划，具备声讯、Web、WAP、SMS等接入方式，提供以移动信息为服务内容的信息查询、点播、个性化定制和电子交易业务。移动梦网的快速发展催生了大量的CP/SP企业，带动了中国移动短

---

① i-mode 是 NTT DoCoMo 于1999年推出的行动上网服务，是全世界最成功的行动上网模式。最大的改变在于计费模式，将原本以时间为主的计费方式，改变成为以封包（下载量）为单位，如此可以大幅降低使用者的上网费用，加速普及的速度。

信、彩信、彩铃业务量的迅猛增长，形成了以中国移动为核心物种的互联网服务商业生态子系统。基础电信运营商成功运营"围墙花园"平台的条件：一是通信网络是整个子系统的核心资源。语音和短信服务是整个子系统的基础业务，是吸引用户加入平台的根本因素，而通信网络是承载上述业务的基本条件，网络质量的好坏、网络用户的多少直接决定着整个生态子系统的健康度。二是缝隙企业对于核心企业的高度依赖。"花园平台"是一个相对封闭的技术体系，加入其中的缝隙企业受到平台运营商的严格控制，从业务的上线到业务的支付等，都需要基础运营商直接参与完成。

2. 在线软件商店的兴起

随着信息通信技术的发展，特别是3G、4G网络和智能终端的普及，以苹果AppStore应用程序商店模式被广为追捧，集中了终端制造商、操作系统提供商、运营商、CP/SP、开发者、用户，以及广告商等在内的几乎移动互联网所有的产业成员，呈现出蓬勃发展的态势。苹果借助先发优势及iPhone、iPad等终端强大的号召力垄断地位明显，刚上线一两年，其AppStore应用数量现已超过30万个，累计下载量突破100亿次，独占超过90%的全球应用下载市场份额。随着苹果在线软件商店的巨大成功，吸引了其他互联网巨头的迅速跟进。目前，已形成了苹果和谷歌两大在线软件商店生态子系统。2012年AppStore和Google Play占市场所有应用的50%以上，下载量分别占全球移动应用下载量的46%和33%以上，谷歌开放生态优势渐显，Google Play应用年复合增速达145%，超过苹果64个百分点。截至2014年4月，苹果的AppStore下载量超过750亿次，每半年下载量超过100亿次，如图4-14所示。Google Play于2013年8月下载规模超过苹果，在2014年第一季度下载量达到苹果的1.5倍。

3. 开放平台模式对于"围墙花园"模式的颠覆

2011年移动梦网项目的实施者卓望公司进行了重组，标志着移动梦网计划有可能终结，是什么导致了这种情况的发生？这主要是新技术、新业务的发展，直接动摇了"围墙花园"存在的基石：一是网络不再是核心资源。随着智能终端对信息处理能力的增强，语音与短信服务成了大信息服务概念下的一个功能模块

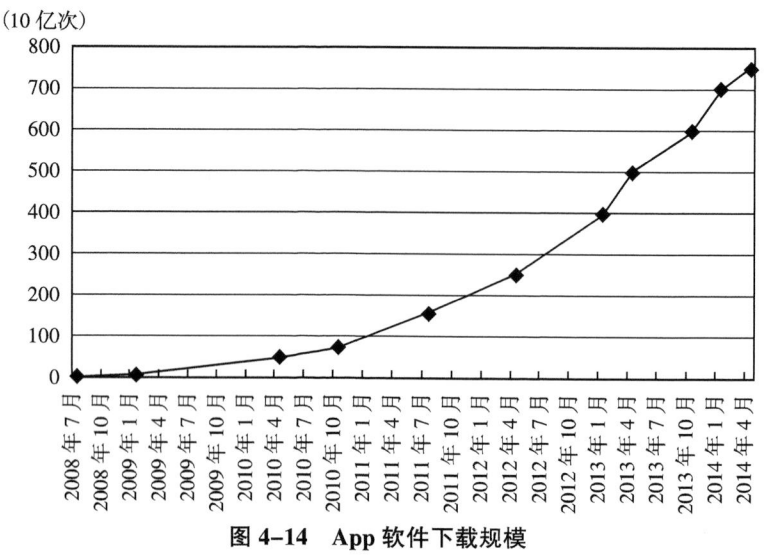

图 4-14 App 软件下载规模

资料来源：中国信息通信研究院.内部资料深度观察——无线与移动领域 [EB/OL]. http://www.catr.cn.

（通信服务），而不再成为吸引用户的最重要因素。二是封闭的围墙不再存在。互联网成为承载业务的网络基础，互联网的开放性、多元性、包容性不仅催生了大量的信息服务业态，而且使得众多的信息服务提供者不再依赖于基础电信运营商，实现了云端与终端的直接对接，业务的上线到支付的管理更多地成为软件商店运营商的责任，软件商店平台上的合作规则，比基础运营商确定的规则更为简单方便，第三方应用（软件）提供商接入用户群体的门槛更低，如图 4-15 所示。

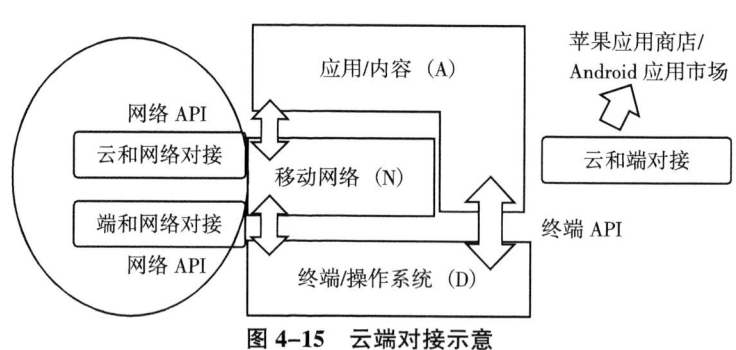

图 4-15 云端对接示意

这就导致了"围墙花园"生态子系统的组成物种进行了大规模迁移,众多的SP/CP企业纷纷转移到了在线软件商店平台上。由于马太效应及网络效应的存在,进一步加速了原有生态子系统的萎缩,促进了新的更具活力的子系统的繁荣发展。

从在线软件商店对于"围墙花园"模式的颠覆与替代,我们看到了信息通信技术的演进,对于原有平台基础的瓦解,从而导致以老平台为核心的生态子系统的萎缩以及系统内物种的出逃。新的生态系统凭借独特的技术和商业优势,不断吸引各类物种的加入,当其规模超过一定阈值时,正循环的反馈效应进一步加强,强化了新系统的优势地位和发展预期,最终达到预期的自我实现,成为互联网信息服务商业生态大系统中新的具有主导地位的子系统,从而也带动整个生态系统实现了发展演化。

三、商业生态理论视角下的信息服务企业竞争战略分析

根据经典战略理论,"竞争战略是指企业为维持竞争优势而针对竞争对手的模仿、异化和替代等行动进行决策和实施一系列行动的方案",制定战略的目标是保持长期的竞争优势。随着信息化和全球化的深入,企业面临的环境呈现高度不确定性,竞争优势的维持变得十分困难。聚焦到通信企业,必须要考虑在技术创新日益频繁,企业间生态位不断重叠等情况下,如何不断创造核心有效的竞争力。

(一) 竞争战略基础

根据波特的竞争战略,企业实现竞争优势的战略选择有:成本领先、差异化

及生产经营聚焦。对通信企业而言，这三种战略同样适用，只不过在通信产业生态系统中，情况较为复杂：一方面，由于技术创新变化快，产品（服务）创新周期越来越快，企业现有的竞争优势较难长时间维持，必须保持高度的技术产品创新敏感性；另一方面，创新成为一个产业链或产业联盟（产业网络）的系统工程，单个企业的单点创新均构成了系统创新的一部分，创新价值的实现不仅取决于企业自身的努力，更要依托于整个体系的推动。这就要求企业在制定战略时，不能局限于自身的资源和发展所需，必须要立足于生态层面去统筹调度资源和确立创新目标，避免"有创意无资源、有产品无市场"现象的发生。据此，通信生态系统中的企业构建自身战略是，必须要立足于技术产品（服务）创新和平台构建统一的基础。这具体指：一是明确自身的技术和产品（服务）聚焦。如前文所述，通信生态系统技术体系包括应用服务平台技术、网络平台技术、智能终端软件平台技术、智能软件硬件平台技术四类平台技术。通信企业需要考虑在四个层面上进行定位，考虑这种技术获得的门槛，功能性、先进性、扩展性等问题，从而明确自己的技术聚焦范围和创新努力方向。一旦界定了自身的技术创新领域，就需要充分考虑通信产业生态系统的技术业务特点，统筹内外创新资源，形成企业动态技术产品（服务）创新优势。二是立足于自身的技术产品（服务）特点，掌控（或融入）界面友好、功能差异平台十分重要。对于构建平台的关键资产不仅包含技术，还包括协议标准、供应链、合作伙伴关系、商业模式、营销渠道、客户关系管理等一切有利于构成平台的核心要素。

（二）竞争战略定位

全球化和信息通信技术的不断创新，造成信息服务企业外部环境的高度不确定性，以前的战略盟友转瞬成为对簿公堂的竞争对手；以前一直和自身业务关系不大的用户，突然变成未来最有潜力的新大陆市场；本来是人气兴旺、前景无限的主营市场，一下变得无人问津、产品积压。这些情况是目前互联网信息服务商业生态系统里每天都在发生的事情，每个信息服务企业比以往任何时候都需要清醒地认识：什么是企业的核心优势，企业的价值链是否完善，产品（服务）的市场在哪里，面对不确定性的风险如何做到未雨绸缪等。这就需要信息服务企业自觉或不自觉地制定自身的发展战略，或重新审视自己的发展思路和竞争战略，确保在高度不确定的环境中保持生存、发展和壮大。波特认为"战略是创造竞争优势，并使竞争优势得以长久维系的普遍原则"。对于信息服务企业而言，战略的定位同样如此，通过制定发展战略，去充分考虑互联网信息服务生态系统的特殊性，深刻理解技术演进、平台关键资产等对于维系一个卓越战略的必要性，认识企业所处子系统的生态环境，精准把握不同物种间的竞合关系，充分认识用户、政府等非生产链条成员对于实现产品（服务）价值的重要作用。我们必须要清醒地认识到，战略可以帮助企业厘清一个宏观的发展目标和发展方向，并不是给出一个包治百病的万能灵药。正如 James F.Moore 所描述的那样"从生态学的观点看待商业，几乎马上会使公司的战略家自由地看到尚未被发现的东西"。商业生态系统的方法，给了信息服务企业制订战略一个崭新的视角，在这个视角下，会对企业核心竞争力、发展定位、合作伙伴关系等重大战略问题给出更为切合实际的答案。

（三）竞争战略重点

1. 选择健康的商业生态系统

如前文所述，信息服务企业发展战略的基石需要准确把握信息通信技术的演进规律，遵循规律，打造或融入健康、可持续发展的商业平台系统中。我们已知平台生态系统技术体系包括四类平台技术。围绕每一类平台技术，都有几个相关竞争的平台生态系统存在。例如，在 3G 领域，存在 WCDMA、CDMA2000、TD-SCDMA 三大技术标准，围绕这三大标准，形成了各具特色的子生态系统；在智能手机操作系统领域，随着竞争形势的逐渐明朗，初步形成了以苹果 iOS 和谷歌安卓操作系统为主，微软系统奋起追赶的格局；在国内社交网络应用平台方面，新浪微博、腾讯微信、人人网、百度、奇虎 360 等多家应用平台，频繁创新，奇招迭出，竞争程度空前激烈。对于新进或转型的企业，在制订战略之初，就必须要正确选择一个健康有前途的生态子系统作为企业未来的栖身之所。这个决策十分重要，如果选择了一个日薄西山的生态子系统，无论自身的技术多么出众、营销能力多么优秀，最终也难逃推倒重来的命运；如果选择了一个高速增长、活力旺盛的子系统，即使是一个资质中庸的企业，也可能获得超额回报。当然，我们可以作出平台多属的决定（即进行跨平台运营），但这需要企业消化跨平台开发部署到后期运营维护产品（服务）带来的高成本。排除成本考虑，选择将鸡蛋不放在一个篮子里当然是理性的选择，但限于企业自身资源和专业性的考虑，这种看似理性的选择成了不理性的理想做法，有可能给企业带来额外的负担。

2. 明确自身的竞争目标

对于新进入（或转型）的企业而言，在选择了要进入的生态系统后，紧接着的一个问题是，根据自身能调动的资源和竞争能力，明确企业在这个生态系统中要扮演什么样的角色，发挥什么样的作用。从一个健康的产业生态系统看，组成的物种丰富多样，各不相同，但从企业在其中发挥的主要作用看，可主要分为两类：一类是骨干型企业；另一类是缝隙型企业。骨干型企业在系统中占据中枢位置，为系统成员提供共享资产，找到行之有效的创造价值的方法，并与其他成员分享价值，骨干型企业创造的价值对整个系统至关重要，例如，像中国移动、中国电信等基础电信运营商以及腾讯、百度等大型互联网企业，他们各自的生态子系统中，肩负创造价值和分配价值的作用；缝隙型企业致力于培养自己的专门能力，把自己与系统中的其他成员区别开来。利用其他缝隙型或骨干型企业提供的互补性资源，该企业就能将所有精力投入到专业技术的提高上，例如，像众多的SP/CP企业，为广大用户提供了形形色色的信息服务。两类企业对于一个健康的产业生态系统而言，都是必不可少的。骨干型企业为众多缝隙型企业提供一个稳定的、可预测的、便利的、可不断增加价值的平台，通过多种方式来改善优化平台，包括从工具到界面，从与顾客的接触到生产能力的培育多个方面，来增进整个系统的多样性和生产率。缝隙型企业一般规模不大，但数量众多，创新能力较强，一方面极大地满足了用户多方面的信息消费需求，另一方面也增强了整个系统的抗风险性。对于骨干型企业而言，正因为存在大量的缝隙型企业，其建设运营的平台才具有市场价值。从在系统中获取的价值以及市场地位而言，成为骨干型企业无疑是每个企业努力追求实现的目标。但成为一个平台企业，难度较大，有时定位成缝隙型企业，聚焦于某一专业领域，充分利用好现有的平台，也会获得持续超额的回报。

3. 正确处置竞争关系

根据商业生态系统理论，整个生态系统由"消费者、供应商、生产制造厂家、资金的提供者、行业协会、掌握标准的机构、工会、政府和立法部门以及半政府组织等"诸多成员构成，整个竞争秩序是在"顾客、市场、产品与服务、经营过程、组织、利益相关者、社会价值和政府政策八个维度来管理"下实现的。单个成员的兴旺发达与整个生态系统的健康情况息息相关。一个企业"单赢"的格局往往会造成整个生态系统活力的丧失。企业的经营大环境是一个联系紧密、互为依赖的共生系统，企业需要在这个环境中与其他企业共同发展。协同进化成为每个物种和整个系统持续发展的根本机制。具体到不同类型的企业，骨干核心型角色企业位于系统中枢，一般情况下，通过提供价值创造的"平台"，为商业生态系统创造价值和分享价值。缝隙型企业是整个系统的重要组成分布，通过专业创新，为商业生态系统带来活力。强调协同进化，并不否认物种间的竞争活动。生态学的视角下，不同物种间的生态位发生重合，物种间的竞争就会发生，生态位重叠得越厉害，竞争活动就越激烈，对于骨干型企业和缝隙型企业而言都是如此。但每个企业在做出具体的竞争决策时，应运用生态学的视角，审视竞争是否唯一的途径，是否由于违背了价值共享、协同进化的发展理念，而引发了不必要的竞争，给整个生态系统带来无谓的损害。当然，对于骨干型企业和缝隙型企业而言，各自面对的竞争压力是不同的，骨干型企业抗压能力更强，更有利于做出包容发展的战略选择，缝隙型企业则相对被动，如果没有核心的专业技术和服务能力，被吸收或被淘汰有时只是时间的问题。

（四）典型企业的竞争战略选择

在互联网信息服务商业生态系统中，基础电信运营商和互联网企业是两类主要物种，也是本书所关注的重点。在语音服务为主的时代，基础电信运营商依靠其网络资源优势，创造并占据了绝大部分价值，在互联网信息服务商业生态中扮演着举足轻重的角色。随着信息技术的演进发展，OTT业务开始崛起，大型互联网企业通过塑造业务平台，不断吸引各类合作伙伴加入到平台中，不断推出新的应用和业务，在移动互联网阶段下的通信生态系统中发挥着越来越重要的作用。

1. 基础电信运营商的战略选择

在传统电信业务不断萎缩的背景下，行业受行业发展阶段性特点影响，在基础电信业务领域依靠用户规模驱动的粗放式增长模式，在移动用户普及渐趋饱和以及内外环境变化的情形下，已不具有可持续性。特别是伴随全业务竞争的全面铺开，语音资费水平加速下调，"一人多号"和低端化现象更为突出，语音ARPU（每位用户平均收入）全面下降如图4-16所示，三大运营商的语音ARPU占运营商总收入的比重已从2010年的44.2%下降至2015年的26.3%。尽管我国通信业已经进入4G时代，但业务创新方面更多的是提供一种业务捆绑的营销模式，属于较浅层次的业务融合，各基础电信运营商的语音业务仍然占据了收入的1/3左右。造成现阶段我国三家基础电信运营商业务同质化倾向严重，不能实现差异化竞争，导致缺乏技术含量的价格战依然是各家基础运营企业的主要竞争手

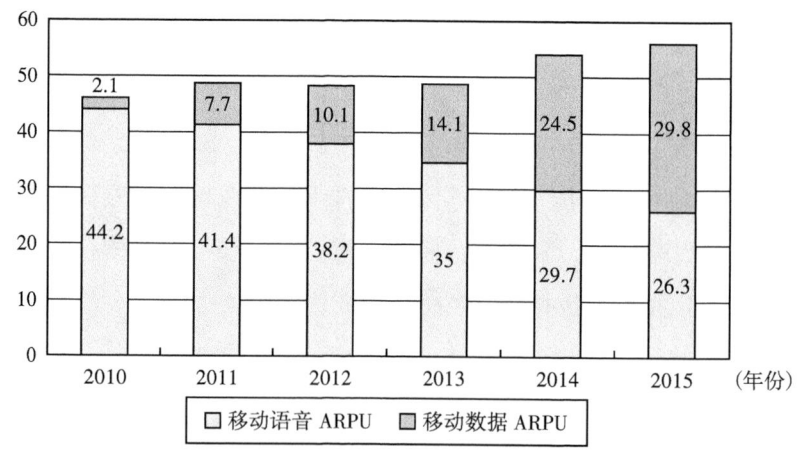

图4-16 移动通信ARPU情况（2010~2015年）

资料来源：中国信息通信研究院. 内部资料深度观察——行业观察领域[EB/DL]. http://www.catr.cn. 其中2015年为预测数。

段，以低价作为主要营销手段，不惜大幅度降低利润占领市场，部分市场甚至出现了"低于成本价销售"的现象。

产业链更复杂，挑战基础运营商的主导地位。进入全业务阶段后，互联网信息服务商业生态系统将会更加复杂。伴随新成员的加入，新的商业运营模式不断产生，将会带来原有产业链上各个成员相对地位的重大调整，对基础运营商主导的产业链商业模式造成巨大冲击。如最近几年的 Apple、Google、腾讯、阿里、Amazon 等加入竞争圈，出现了电信服务与信息服务捆绑、终端与网络捆绑、商业平台与网络捆绑等新的竞争模式，改变了运营商与其他环节的关系，使现有利润和价值分配模式发生了转移，尤其是随着 3G、4G、Wi-Fi 和 WAPI 的应用，手机等终端设备将像 PC 终端一样，用户的控制权和选择权将大大增加，而传统运营商仅仅提供一个无线宽带通道，其他业务商将更加深入地参与到用户支出的分成中，强化了基础运营企业的管道地位。

构建网络技术和业务平台。回顾基础电信服务发展历程，新技术、新业务的演进发展正在逐步破坏传统电信商业模式冲击的基础，基础电信运营商必须向平台型电信运营商转型，构建性能稳定、安全可靠的商业支撑平台及互动开放、多方共赢的商业应用平台，快速丰富、整合及传递第三方资源，提升生产效率，重塑核心竞争力。老牌电信巨头英国电信郑重告诫："转型不是一种选择，注定是一种战略。那些坐着不动、等待机遇的运营商注定将被降级为普通日用品销售商……传统运营商唯一的生存之道是进取和革新。"NTT 电信饱受传统业务下滑之苦："技术正在飞速发展，如果不进行全面的转型，我们就会被抛在后面。"对于基础电信运营商而言，围绕网络资源做文章，是最大限度地发挥自身比较优势的有效途径。在现有网络基础上，发展 IDC、CDN 云计算中心等应用基础设施与综合管道，将纯粹的传输管道的比特传送功能扩大到计算、存储、分发等各种资源的网络调度功能，实现智能化的业务感知、精细化的用户感知能力。在此基础上，或者在终端平台上架构新的中间件，屏蔽终端差异、构建统一业务开发平台，或者积极开放网络，将网络能力、用户信息、计费管理等能力封装，形成网络 API 为基础的业务创新平台。围绕平台不断优化和完善，为生态系统创造新的价值,并同生态系统中的其他成员分享这些价值,以促进整个生态系统的健康。

2. 互联网企业的战略选择

互联网市场迅猛增长。经过10多年的快速发展,我国已是互联网第一大国,拥有全球最多的互联网用户,互联网市场显示出巨大的市场潜力。经中国通信研究院的报告表明,2014年,我国互联网服务收入(接入服务+信息服务)达到8986亿元,同比增长31.5%,保持了近几年来的两位数的增长速度。此外,随着我国4G网络以及移动智能终端的普及,我国手机上网用户数已超过了电脑上网用户数,这标志着我国已进入了移动互联网发展阶段。庞大的移动互联网用户群体推动移动互联网业务市场呈现出蒸蒸日上的趋势。从手机互联网应用的使用规模来看,如图4-17所示,从2013年到2014年,除手机微博外,其余14大类的手机互联网应用用户规模都有所增长;从使用率来看,从2013到2014年,我国网民各类手机互联网应用的使用率中有91.2%的用户使用手机即时通信,比2013年上涨17.8%,除此之外,手机搜索、手机网络新闻、手机网络音乐、手机网络视频、手机网络游戏、手机网络购物、手机网络文学、手机网上支付和手机网络银行的使用率都比2013年有两位数的上涨率。

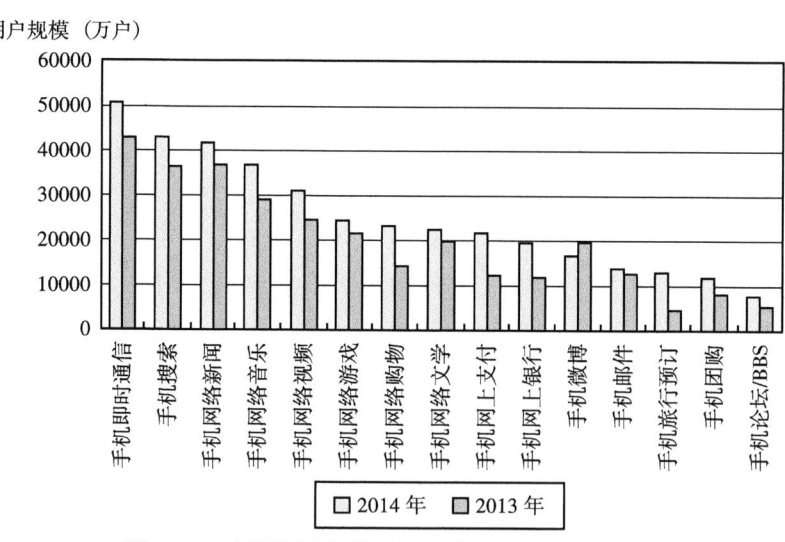

图4-17 中国网民各类手机互联网应用用户规模

资料来源:中国互联网信息中心. 第35次中国互联网络发展状况统计报告[EB/DL]. http://www.cnnic.net.cn/hlwfzyj/hlwxzbg/hlwtjbg/201502/t20150203_51634.htm/2015-01-15.

我国互联网市场的空前繁荣,为身处其中的每一个企业的发展壮大都提供了前所未有的机会。如何选择一个合适的领域,抓住国内互联网快速发展的契机,做强做大自身是每个互联网企业制定战略时必须要思考的问题。

综合类平台企业和专业类缝隙企业区分逐步明显。尽管我国互联网产业仍在快速发展,但在每个业务领域都呈现出明显的类似的生态组织机构,即一两家大型的骨干型互联网企业和众多较小的缝隙型企业并存的格局。如在即时通信、搜索、新闻、游戏、微博、电子商务等领域有腾讯、百度、新浪、盛大、阿里巴巴等大型企业占据绝对的技术和资源优势,围绕这些大型互联网网站,存在众多业务和应用服务提供商,依托于大型企业的业务平台为海量用户提供服务。两类企业相互依存,共同构成了生机勃勃的中国互联网生态子系统。

做好企业战略定位,避免生态位的重叠。对于互联网企业而言,制定战略首先需要明确的就是做好自身定位。可以预见,每个互联网企业的最终目标,都是成为一个大型综合的平台服务提供商。但要实现这一目标,并不是一件容易的事情。对于多数企业而言,更为实际的策略是,将自身定位为缝隙型企业,选择一个有发展前景的平台生态子系统,聚焦于某一业务或应用领域,充分发挥自身专业优势,形成差异化的竞争力,以求获得超额收益。这里需要注意的一点是,缝隙性企业必须时刻注意防止自身业务或应用服务被平台企业纳入现有平台的功能前沿。一旦发生这种情况,缝隙型企业即将面临被平台吸收的可能。这方面的案例以当年微软与网景的浏览器之争最为有名。多年以来,微软凭借其操作系统平台一直处于软件业的霸主地位。但随着互联网的不断普及,浏览器作为网络入口的地位越来越突出。当微软意识到浏览器的重要作用时,便十分果断地将浏览器纳入了其操作系统平台的功能范畴,将操作系统与 IE 浏览器进行捆绑销售。其结果已众所周知,人们一般都会批评微软滥用垄断势力。但从生态学的角度看,微软这种做法是在优化操作系统平台的功能和界面,以进一步巩固其平台运营商的地位。相较于缝隙型企业而言,平台型运营商需要时刻注意培育平台两边的用户群体,既要关注直接的消费者,更要为开发者群体做好服务。对于现有平台运营商而言,最大的威胁莫过于由于技术或应用创新产生替代平台或平台生态位的重叠。从"3Q 大战"、"3 百大战"到"微信风波"等都是不同平台运营商,由于业务领域的交叉,造成的激烈生态位竞争。从产业生态的角度看,有些竞争可以避免,甚至形成共赢的局面。但部分骨干型物种做出的"主宰型"的竞争战略,试图攫取系统大部分价值,造成其他激烈的反应。从生态系统整体看,平台运营商之间的非理性竞争,并不利于生态系统的长远发展。

(五) 案例: 从"3Q 大战"到"微信风波"

案例回顾。2010 年 9 月 27 日,360 发布直接针对 QQ 的"隐私保护器"工具,宣称其能实时监测曝光 QQ 的行为,并提示用户"某聊天软件"在未经用户许可的情况下偷窥用户个人隐私文件和数据,引爆与腾讯的客户端之争。2010 年 10 月 14 日,腾讯正式起诉 360 不正当竞争,360 称将反诉腾讯。2010 年 10 月 27 日,360 和腾讯上演"弹窗"大战。2010 年 10 月 29 日,360 推出一款名为"扣扣保镖"的安全工具,可阻止 QQ 查看用户隐私文件、防止木马盗取 QQ 账号以及给 QQ 加速等功能。扣扣保镖在一定程度上影响到了腾讯的收入,特别是禁止启动 QQ 秀、QQ 会员,这是其社区增值服务收入的最核心来源。2010 年 11 月 3 日傍晚 6 点,腾讯突然宣称,将在装有 360 软件的电脑上停止运行 QQ 软件,逼迫用户二选一。晚上 9 点左右,360 公司"扣扣保镖"软件在其官网悄然下线,360 发表公开信,呼吁网民停用 QQ 三天。在国家相关部门的强力干预下,2010 年 11 月 4 日凌晨 2 点,QQ 与 360 开始恢复兼容。一时间,"3Q 大战"成为业内最热门的话题。然而无独有偶,进入 2013 年,随着微信用户的快速增长,腾讯与国内移动运营商之间的纷争再次成为公众关注的焦点。微信是近年来腾讯公司推出的一款移动即时通信业务,就用户体验而言,与三家基础电信运营商的短彩信业务十分相似,具有十分明显的替代效应。在 2013 年 1~2 月期间,基础电信运营商点对点短信下滑 10.6%,业内就普遍认为这是由于微信在用户中越来越流行所导致。一时间,腾讯公司被中国移动等基础电信运营商视为最大竞争对手,并传出要对微信收费的流言。腾讯公司出来紧急辟谣。电信行业主管部门也出来发话,支持国内互联网企业的创新,微信是否收费由市场自身决定。目前,我们认为微信风波才刚刚开始,但从中暴露出来的 OTT 业务商与基础电信运营商的紧张关系可见一斑。

互联网信息服务商业生态视角下的分析。在产业生态系统的视角里,"3Q 大战"与"微信风波"的性质有较大的差异。"3Q 大战"只是具体两个企业竞争战略的冲突,而"微信风波"则折射出了技术创新推动产业生态变革演进的规律。关于"3Q 大战",本质的起因是腾讯公司在整个生态系统中扮演了价值主宰者的角色,这类企业直接而独自地负责其网络中绝大部分价值创造的主题,并独享其收益,而没有留下多少机会让其他企业参与到有意义的生态系统的创建中。"'3Q 大战'案例反映出,腾讯公司凭借其数量庞大用户基础,不断地在其看好的领域攻城略地,掠夺价值,而没有顾及整个生态体系的健康度。具体而言,安全只是腾讯的一个业务领域,对 360 而言却是其生死攸关的大事","QQ 电脑管家"将直接威胁 360 在安全领域的生存地位。其实,这并不是腾讯第一次采取价值掠夺的策略,腾讯公司开始涉及网络游戏时,当时的行业龙头——联众游戏便受到了巨大的冲击。联众游戏后来的衰落可能有多方面的原因,但与腾讯的介入不无关系。回顾这一点,360 的反应可以说是被迫的反击。整个事件并没有赢家,公众和业内再次表现出对腾讯公司垄断力量的担忧,对两家企业不择手段的竞争行为的愤怒。腾讯公司本身也在深刻地反思这一事件,反思起竞争策略是否适合整个生态系统的繁荣,也尝试作出了开放平台的战略举措,这也许是腾讯由主宰型企业向骨干型企业转变的第一步。关于"微信风波":从生态系统的视角看,这是一次典型的由于技术创新带来的新业务平台对传统平台的冲击效应。本来在传统的通信产业链上,基础电信运营商经营基础电信业务与互联网企业经营增值电信业务,双方互补的作用更为突出。但随着移动互联网技术的成熟,基础电信运营商的传统网络平台技术受到了前所未有的冲击。这种冲击带来的影响,并不是哪个竞争主体可以通过妥协来化解的。换言之,以 OTT 为代表的新技术、新业务正在塑造新的平台优势。如果不是今天的腾讯,也会是其他的企业,会对基础电信运营商的网络平台地位提出挑战。由此推动整个通信产业生态系统不断发展演进。据此,我们判断"微信风波"是技术创新带来的"创造性破坏"效应的一个缩影,风波不会就此过去,只会愈演愈烈,最终被市场淘汰掉的是那些不与时俱进,仍固守原有技术和商业模式的企业。

(六)案例:阿里巴巴商业生态系统

阿里巴巴网络技术有限公司(以下简称阿里巴巴)于 1999 年在中国杭州创立,是一家经营多元化互联网业务的集团。业务和关联公司的业务主要包括:淘宝网、天猫、聚划算、全球速卖通、阿里巴巴国际交易市场、1688、阿里妈妈、阿里云、蚂蚁金服、菜鸟网络等。[①] 2014 年 9 月 19 日,阿里巴巴在纽约证券交易所正式挂牌上市,股票代码"BABA",创始人和董事局主席为马云。[②] 2014 年全年,阿里巴巴总营业收入为 762.04 亿元,净利润达到 243.20 亿元。[③] 2015 年第一季度和第二季度,淘宝的交易额分别为 3810 亿元和 4270 亿元,天猫交易额分别为 2190 亿元和 2460 亿元,移动月活动用户分别为 2.89 亿人和 3.07 亿人。[④] 阿里巴巴从诚信通起家,并逐步建立了淘宝网 C2C、支付宝、天猫商城……成为中国电子商务企业的神话。双边市场和平台经济理论表明,互联网的市场属性是基于点对点供求匹配与交易支付来创造出巨大价值的。阿里巴巴通过进入免费给产品卖家提供经营平台的方式进入 C2C 领域,打败了易趣,获得了巨大的市场份额,同时,开发了适合个人卖家使用的软件,可以为用户提供业务管理,包含进销存和财务管理服务,满足小企业和个人的需求。同时,阿里巴巴还推出第三方平台广告服务,集合了供求双方,成效显著。阿里巴巴在纵向发展方面,为了解决网络支付安全问题,推出独立的第三方支付平台——支付宝。支付宝不仅在阿里巴巴和淘宝中使用,还被其他电子商务平台所认可作为支付工具,并通过支付宝平台不断向互联网金融领域深入。在淘宝网 C2C 中,淘宝店主利用电商平台与客户建立起一种新型的交易关系。为扩大交易、创造信任、保证质量,阿里巴巴针

---

① 阿里巴巴集团官网, http://www.alibabagroup.com/cn/about/businesses.
② 中国财经首页, http://tech.china.com.cn/internet/special/AliIPO/index.shtml.
③ 网易科技, http://tech.163.com/15/0508/08/AP327V1F000915BF.html.
④ 新浪财经, http://tech.sina.com.cn/i/2015-08-12/doc-ifxftvni9002400.shtml.

对店主引入顾客满意度的评价机制。如果店主服务好，商品质量高，客户就给予好评，这相当于一种挽留过评价机制，不仅方便其他客户了解店家的信誉和产品质量，也对店家形成一种约束机制。这种评价机制事实上代表了一种新型的社交关系。阿里巴巴为企业与企业、企业与消费者之间提供社交联系，并且增强这种联系以发挥信用中介的职能作用。信用中介使得供求双方建立起更加紧密的关系，彼此之间产生信任，促进市场的形成和交易的完成。这种复杂的关系通过淘宝网这个平台提供的规则有序地进行信息的搜集与匹配，交易最终得以完成还有赖于支付环节的顺利实施。因此，支付宝是淘宝商业模式中的关键环节。一方面，支付宝的第三方支付功能提供了信用担保功能，解决了陌生人之间的弱信用关系的问题，而且支付快捷便利，与传统的银行卡支付和现金支付对比来说，用户的体验性更好；另一方面，支付宝通过支付系统掌握了客户的现金流、商品流和信息流。2014年，在网络支付市场，支付宝拥有88.2%的品牌渗透率，远远高于其他支付系统。[1] 因此，以此大数据作为背景，支付宝可以开发出新的金融功能，是阿里巴巴从事互联网金融的重要条件。以最初的诚信通、淘宝网为基础，现在的阿里巴巴集团业务已经涵盖了B2B、C2C、软件服务、在线支付、搜索引擎、网络广告等六大领域。2015年，阿里巴巴还投资了魅族科技；与英国创新借贷机构ezbob及iwoca达成战略合作，协助英国中小企业在向平台上的中国供应商购买货物时，可更方便地获得营运资金；通过转让天猫在线医药业务的营运权给阿里健康，使得阿里健康成为阿里巴巴集团的子公司；对国内主要物流快递企业圆通进行战略投资；投资12亿元参股第一财经开拓数据服务领域；战略投资魅力惠，共同打造奢品闪购电商平台；成立阿里音乐集团，由高晓松出任董事长，宋柯出任CEO；扶持移动应用创业者；与联合利华签署战略合作协议；对旗下阿里云战略增资60亿元，用于国际业务拓展，云计算、大数据领域基础和技术的研发，以及DT生态体系的建设；与苏宁云商集团股份有限公司达成全面战

---

[1] 中国互联网信息中心. 第35次中国互联网络发展状况统计报告 [EB/DL]. http://www.cnnic.net.cn/hlwfzyj/hlwxzbg/hlwtjbg/201502/t20150203_51634.htm/2015-01-15.

略合作；与美国百货零售巨头梅西百货达成长期独家战略合作，梅西百货将入驻天猫国际。可以看出，通过不断发展，阿里巴巴已经全面覆盖了中小企业电子商务的各个环节，通过对各项资源的整合，已经形成了一个完善的商业生态系统。阿里巴巴电子商务如图 4-18 所示。

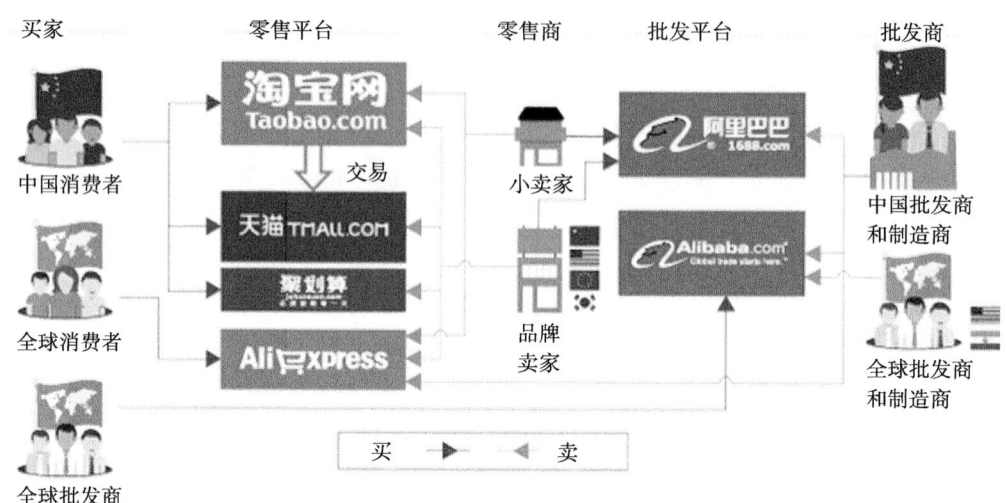

图 4-18　阿里巴巴电子商务

从图 4-19 中也可以看出，阿里巴巴的生态系统已经囊括了电子商务、企业与个人信用系统、金融、物流和大数据平台等。电子商务的发展离不开物流体系，阿里巴巴建立的菜鸟物流是实现现代电子物流体系的一个平台，并联合国内大型物流企业以及相关金融机构建立中国智能物流主干网。阿里巴巴还通过对电子商务海量交易的分析，开启大数据的应用，从起初关注商家和消费者的数据进一步改善商家的经营到数据魔方可以让商家直接获取同行业的情况和自己品牌的市场状况以及消费者在自己网站的购买行为决策等，并为交易平台的电商提供数据云服务。在这样一个完善的商业生态系统中，中小企业尤其是小微企业获得了巨大的商业机会，利用阿里巴巴提供的各项数据服务和软件平台，中小企业在自身的经营过程中减少了资源的浪费，与消费者和其他商家一起达到了良性互动、均衡发展的局面。通过梳理阿里巴巴的业务体系，可以发现阿里巴巴的基础业务还是电子商务，核心支持是金融。以支付宝为基础的金融，为参与的各

第四章 现代服务业的商业生态系统分析

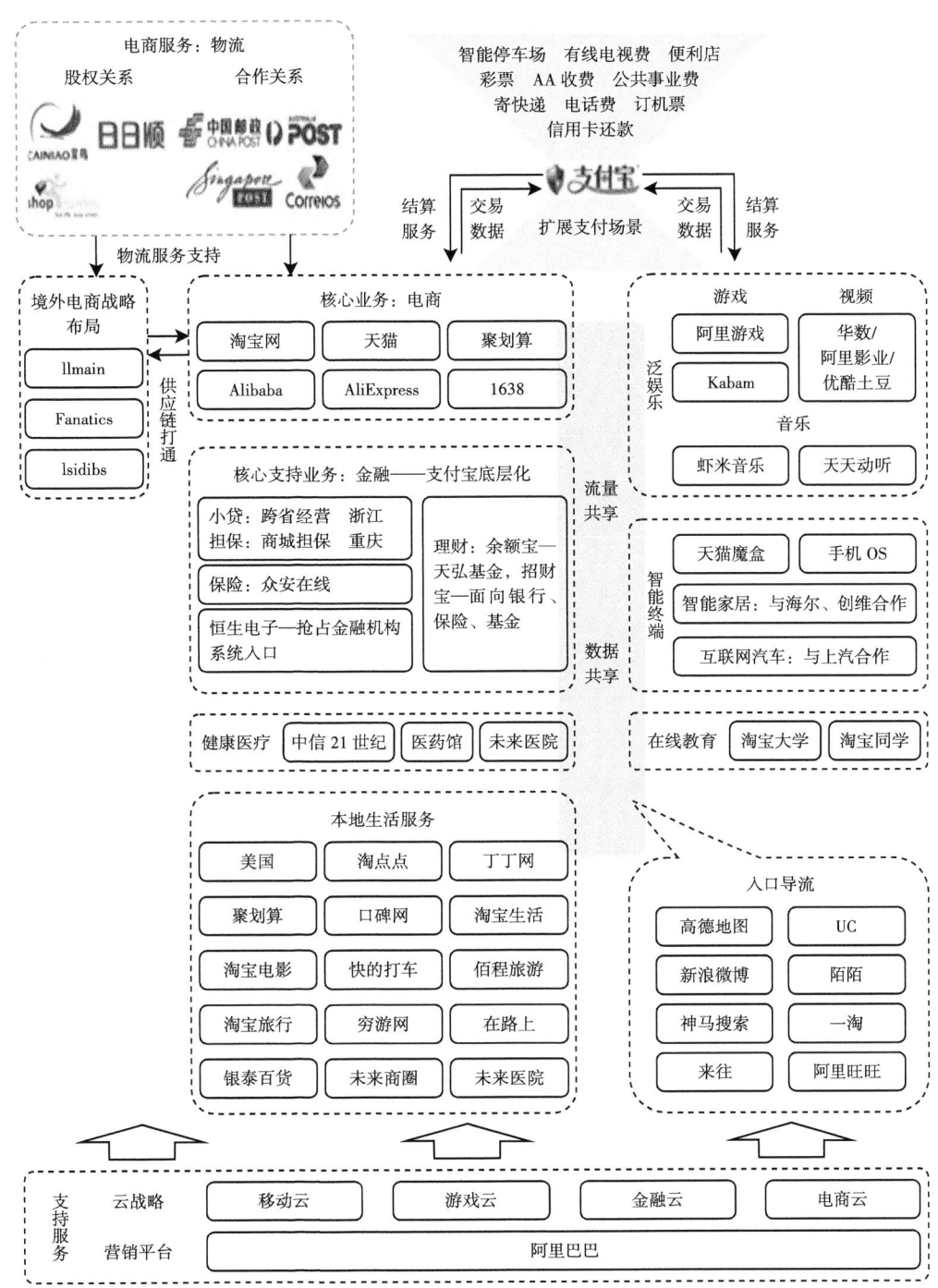

图 4-19 阿里巴巴商业生态系统

资料来源：易观智库 EnfoDesk。

主体提供支付服务,还有其他基于平台的本地生活服务、健康医疗、在线教育、泛娱乐以及包含文化传媒内容的平台,还有种类繁多的流量导入工具,包括新浪微博、阿里旺旺以及移动 UC 浏览器等。① 我们上面所列举的阿里巴巴的多项收购投资行为也是在拓展平台的关系属性,提升了市场的深度,极大拓展了市场的连续性。

在阿里巴巴这样一个庞大的生态系统中,涵盖着诸多子生态系统,其中,金融生态系统也是其中非常重要的组成部分。无论是电子商务还是互联网金融平台,阿里巴巴都希望建立从商贸、消费、物流到金融服务的一个生态系统。在结合支付宝应用范围不断扩大的基础上,阿里巴巴持续不断地为中小企业提供帮助和支持,继续完善中小企业服务的平台,同时,通过交易平台的不断完善,也形成了小微企业的信用体系,逐步建立网络诚信平台。阿里巴巴还通过在企业经营交易数据基础上的诚信通,建立衡量企业信用状况的指数,并以此为基础,建立阿里金融,与金融机构合作,建立网络金融信用体系,同时面向消费者和小微企业提供金融服务,以电商平台的商家和消费者为目标客户,以支付宝作为主要的金融工具,承载多项金融服务功能,建立起动态、多维度、开放的互联网金融生态系统。在这样的生态系统中,底层是几百万个活跃的淘宝商户和超过 3 亿人的个人消费者。他们之间的商品往来与资金清算是支付宝最基本的商业模式。随着支付宝使用范围和规模的日益扩大,支付宝平台承载的金融功能也越来越强大,包括缴费、信用卡还款、旅行预订、转账汇款等。余额宝的出现,将支付宝的资金直接对接货币市场基金,丰富了阿里巴巴的商业生态系统。在此基础上,阿里巴巴应用大数据技术、云计算技术推出各种新的金融模式,如网络贷款阿里小贷,以芝麻信用为代表的大数据征信体系,以余额宝为代表的基金网络销售、以娱乐宝为代表的"类众筹"式创新金融产品销售、以众安在线为代表的网络保险、以阿里担保为代表的担保公司,以浙江网商银行为代表的网上银行、以花呗

---

① 霍学文. 新金融、新生态——互联网金融的框架分析与创新思考 [M]. 北京: 中信出版社, 2015:135-136.

为代表的信用消费等。① 在阿里巴巴的金融生态系统中,越来越多的商业模式出现,并通过纵向一体化或者缝隙型战略的方式融入这个系统中,这一切构成了一个既具有稳定庞大客户群和商业模式作为生态系统的物种,又有各种商业模式作为系统进化和运行的机制,并且各种商业模式发挥作用,完成整个系统协同进化的完整的金融生态系统。

从以上对阿里巴巴商业生态系统的分析可以看出,阿里巴巴的经营战略也就是我们前面所提到的网络核心型企业的经营战略。一方面,大量的缝隙型企业依赖于核心型企业并与之形成松散耦合,为生态系统的多样性做出了贡献;另一方面,阿里巴巴作为电子商务中的网络核心企业,通过不断创新,拓宽平台,为缝隙型企业提供机会,达到整个生态系统间各成员的互利共生,协同进化。

四、商业生态系统视角下的促进互联网信息服务业发展的政策思考

(一) 决策定位

从商业生态系统的定义看,整个生态系统是一个由"具有一定经济利益关联的组织组成的动态结构系统",这些组织包括"客户群、供应商群、产业领导者群、投资商、金融商、贸易合作伙伴、标准制订者、高校及研究机构、社会公共服务机构、政府以及其他利益共同体单位"。相比较于其他更强调企业自身资源和能力的研究观点,商业生态系统理论更加强调外部环境的作用,或者将环境看

---

① 霍学文. 新金融、新生态——互联网金融的框架分析与创新思考 [M]. 北京:中信出版社,2015:148-149.

成是互联网信息服务业商业生态系统的重要组成部分。从全球互联网信息服务业发展历程看,政府的监管政策对通信行业的发展起着决定性的作用。从较早期的国有垄断电信经营,到打破垄断,推动互联网信息服务业的自由化、市场化改革等,政府监管部门每一项政策对于推进互联网信息服务业商业生态系统的健康发展都起着至关重要的作用。在当前全球化趋势不断深入和信息通信技术迅猛发展的阶段,我国互联网信息服务行业监管部门还承担着推动我国信息服务业跨越式发展的责任,政府与商业生态系统中的企业双向互动的协同关系将更加突出。在这种背景下,相关政府部门在出台每一项政策决定时,需要注意的是政府部门并不是互联网信息服务业商业生态系统的旁观者,而是一个积极的、主动的参与者和建设者。据此,在政府部门的政策工具箱里,既应该包括一般的财税、金融等宏观政策,还应包括产业规划、标准制定、技术创新、资源管理、市场准入、市场秩序、消费者权益保护、网络信息安全等微观政策。通过组合运用不同的政策手段,以解决我国互联网信息服务商业生态系统中存在的不同层面的核心问题。

(二) 政策思路

一是立足前期政策基础。我国政府历来高度重视信息通信产业的发展,在不同阶段,研究出台配套政策措施营造良好的产业发展环境。全球金融危机爆发以来,我国政府更加注重发挥信息通信技术在培育战略性新兴产业和优化改造传统产业的助推器作用,先后密集发布了《"十二五"国家战略性新兴产业发展规划》、《通信业"十二五"发展规划》、《互联网行业"十二五"发展规划》、《物联网"十二五"发展规划》、《集成电路产业"十二五"发展规划》、《宽带普及提速工程》、《关于鼓励和引导民间资本进一步进入电信业的实施意见》等一系列国家和行业层面的指导意见,明确了我国互联网信息服务业的中长期发展目标、重点领域、重大工程、实现路径和保障措施等,这都为我们营造健康有序的互联网信息服务生态环境打下了坚实的政策基础。

二是聚焦领域重点,分类支持推进。从商业生态系统的视角看,当前企业间的竞争，已变成这个企业所在的产业生态系统间的竞争。商业生态系统的健康度直接决定着相关产业领域整体的竞争力。据此，政府在制定政策时，就需要从生态系统整体去统筹考虑，针对生态系统中不同组成部分所表现出的不同问题，采用不同的政策工具去研究解决。对于互联网信息服务商业生态系统而言，同样如此。在互联网信息服务商业生态系统中，政府部门对相关子系统或子领域的作用需求不同，我们可以归纳出三类政策作用对象，分别是基础设施类、自主赶超类和自由竞争类。所谓基础设施类，指相关领域产品或服务具有一定公共产品属性或者能带来显著的社会效益，对于通信生态系统具有广泛的渗透性和支撑性作用。如果基础设施类产品或服务提供不足，将会对整个生态系统的健康度产生重大不利影响，典型代表有宽带网络（含无线宽带）等领域；所谓自主赶超类，指相关领域产品或服务是通信产生系统的核心价值环节，核心技术或专利目前主要由大型跨国企业掌控，对产业发展方向和价值分配具有较强的话语权，我国相关领域存在较大的产业安全风险，典型代表有核心芯片研发设计、智能终端操作系统等领域；所谓自由竞争类，指相关领域产品或服务类型较多，市场进入技术门槛较低，创新活跃，市场竞争较为充分，我国已涌现出一批较有影响力的企业和产品，典型代表有移动信息服务等领域。从产业生态系统健康发展的角度出发，三类企业都是必不可少的。但从政府决策支持的角度出发，对于三类企业所采取的保障措施和支持重点是不同的。对于基础设施类的，政策的出发点和落脚点应更多地考虑其公共产品属性或社会效益属性。从这一点出发，政府部门应当积极介入，建立长效投资机制，采取直接刺激措施，补足行业发展短板，为整个通信产业生态系统夯实基础。对于自主赶超类的，政策的出发点和落脚点在于尽快培育自主创新能力，掌握核心技术专利，突破国外巨头对于关键技术和产品的垄断控制。从这一点出发，政府部门应当根据我国相关产业（产品）生命周期进行政策选择，与企业共同分担技术和产品研发创新风险。随着相关领域企业和产品的逐步成熟，相关优惠或支持政策应逐步退出，以充分发挥市场机制的竞争作用。对于自由竞争类的，政府出发点和落脚点应是营造一个诚信、法治、富有活力的市场竞争环境，扮演一个公平裁判员的角色。考虑到这个领域的市场主体多为小微企业，政策重点应是着眼我国小微企业面临的主要困难，加大相应的政策支持。

（三）政策建议

一是完善商业生态系统健康有序发展的法规和监管环境。加快出台《电信法》，为互联网信息服务商业生态系统的健康发展和行业监管提供基础性法律支撑。加快《互联网信息服务管理办法》的修订出台，进一步明确信息服务提供者、互联网接入服务提供者等责任、义务和权利；制定和完善网络与信息安全立法、个人信息保护、电子支付、消费者权益保护等相关法律法规，不断推进互联网信息服务商业生态系统法律规范体系化建设。进一步加强对市场竞争行为的规范，加强对互联网行业不正当竞争、垄断行为的监管，结合我国互联网信息服务商业生态系统发展规律，细化可操作的认定流程和认定标准，严厉处罚滥用市场力量或侵犯他人合法权益的行为。加强对互联网信息服务商业生态系统中新业务、新应用的信息安全风险管理，结合2012年底人大常委会《关于加强网络信息保护的决定》，各相关部门应当出台细化规定，防范和惩治企业违法收集、出售用户个人信息的行为，加强对用户个人隐私的保护。探索建立互联网业务应用的服务质量监管模式，逐步建立业务服务标准与市场规范。

二是支持信息网络设施加快建设，夯实互联网信息服务商业生态系统发展基础。部署和实施国家宽带发展战略，通过投资补贴和财政贴息等方式支持宽带网络建设。实施光纤计划，推进城市地区光纤接入网络建设；推进宽带接入普遍服务，推进农村地区宽带普遍服务，实现宽带基本覆盖行政村；对学校、图书馆、医疗机构等公共服务机构和公共场所使用宽带，给予财税支持或补贴，实现100%覆盖；建设宽带无线城市，实现对城市公共区域、政府及公共机构、社区的无缝覆盖。结合"三网融合"总体部署，扩大宽带网络建设和网络改造、共建共享、互联互通覆盖范围，支持三网融合共性技术、关键技术、基础技术和关键软硬件的研发和产业化，支持电信企业加大业务创新，推动IPTV、手机电视、数字电视、宽带上网等业务的应用，促进文化产业、信息产业融合发展。加快

4G 网络的商用化进程，利用财税政策，加快 TD-LTE 的商用推广，积极突破制约 TD-LTE 的关键环节技术突破；引导大型企业合理利用网络、内容等资源优势，推动业务创新和商业模式创新，实现 TD 产业链大、中、小企业协同发展。进一步推进下一代互联网建设。适应通信业对国民经济社会广泛渗透性的特点，加强顶层设计，组织实施重大应用工程，推进"云计算"、物联网产业化进程，结合电力、交通、水利、工业系统、家电领域、医疗卫生、城市管理重点领域应用需求，开发以家庭网络、汽车网络、机器网络、生产安全监控平台、环保监测平台、公共环境监测平台为载体的"云计算"、物联网应用示范工程，形成具有国际影响力的产业标准。

三是加大对互联网信息服务商业生态系统整体发展的政策扶持力度。研究落实互联网和增值业务产业发展规划各项任务，适时优化调整，引导产业发展。研究制定支持互联网及增值电信业务发展的指导意见，将互联网和增值企业纳入现有高新技术、软件等产业政策认定支持范围。针对自主创新类企业，加大在产业初创期的资金、税收、人才引进、法律政策咨询、专利保护、国际会议交流、标准推广、政府采购等方面的支持力度，与企业共同分担技术和产品研发创新风险，在核心技术环节取得突破，培育形成一批有影响的骨干型企业，提升我国通信产业的国际竞争力。加强对互联网企业特别是中小企业的支持力度，全面落实支持小企业发展的金融政策，加大财税扶持力度，进一步繁荣生态系统缝隙市场的活跃度。

四是进一步提升互联网信息服务商业生态系统的技术业务创新能力。发挥基础电信运营企业技术研发和创新过程中的中坚作用，引导中小企业加强研发投入，组建不同形式的技术联盟，推动形成以企业为主体、市场为导向、产学研相结合的技术创新体系。鼓励通信企业和高等院校、科研院所建立研发、生产、应用等上下游企业参与的战略联盟，聚焦操作系统、高端芯片等重点领域，加强联合创新。完善技术创新配套服务体系，加强自主知识产权专利池建设，积极推进公共服务平台和孵化体系的建设，加快成果转化。加大政府对自主信息技术产品与服务的采购支持。加快建立以政府投入为引导、企业投入为主体、其他投入为补充的投融资机制。鼓励基础电信企业联合内容提供商、系统集成商、终端设备商联合开发融合性业务，深度挖掘现有固网价值潜力，增强无线通信服务能力，实现信息通信的宽带化、集成化、智能化，积极满足消费者多样化、个性化需求，进一步开拓新领域增长点，推动通信生态系统的可持续发展。加强互联网行业知识产权保护，严厉打击大型企业恶意侵权行为，保护中小企业的技术创新积极性，培育行业整体自主创新能力。

第五章 现代服务业的商业生态系统分析
——以我国文化产业为例

如果说第四章所讨论的互联网信息服务行业是媒介传输的载体的话,那么本章所要涉及的文化产业就是这些载体上所传输的内容,文化产业作为互联网产业中内容产业的重要组成部分越来越受到国家和地方的重视。本部分我们希望通过与分析通信互联网行业相类似的方法来对我国的文化产业的商业生态系统做一描述,并对其绩效进行评价,最后通过对北京市文化产业集群创新的案例来进一步分析大量的缝隙型文化产业企业的战略,并给出促进文化产业发展的政策建议。

一、我国文化产业商业生态系统现状分析

(一) 文化产业概念

文化产业包含的种类繁多,其概念至今没有得到统一,在有些国家,并没有所谓的文化产业,而将这些产业称为创意产业(英国等)、版权业(美国)以及

内容产业（日本）。因此，对文化产业本身的界定也是较为模糊的。以我国为例，2003年9月，中国文化部制定下发的《关于支持和促进文化产业发展的若干意见》，将文化产业界定为："从事文化产品生产和提供文化服务的经营性行业。"2004年，国家统计局对"文化及相关产业"的界定是：为社会公众提供文化娱乐产品和服务的活动，以及与这些活动有关联的活动的集合。根据国家统计局2012年颁布的《文化及相关产业分类（2012）》标准，文化及相关产业被分为10个大类，如表5-1所示。

表 5-1 文化及相关产业的类别名称和行业代码

类别名称	国民经济行业代码
第一部分　文化产品的生产	
一、新闻出版发行服务	
（一）新闻服务	
新闻业	8510
（二）出版服务	
图书出版	8521
报纸出版	8522
期刊出版	8523
音像制品出版	8524
电子出版物出版	8525
其他出版业	8529
（三）发行服务	
图书批发	5143
报刊批发	5144
音像制品及电子出版物批发	5145
图书、报刊零售	5243
音像制品及电子出版物零售	5244
二、广播电视电影服务	
（一）广播电视服务	
广播	8610
电视	8620
（二）电影和影视录音服务	
电影和影视节目制作	8630
电影和影视节目发行	8640
电影放映	8650
录音制作	8660

第五章 现代服务业的商业生态系统分析

续表

类别名称	国民经济行业代码
三、文化艺术服务	
（一）文艺创作与表演服务	
文艺创作与表演	8710
艺术表演场馆	8720
（二）图书馆与档案馆服务	
图书馆	8731
档案馆	8732
（三）文化遗产保护服务	
文物及非物质文化遗产保护	8740
博物馆	8750
烈士陵园、纪念馆	8760
（四）群众文化服务	
群众文化活动	8770
（五）文化研究和社团服务	
社会人文科学研究	7350
专业性团体（的服务）	9421
——学术理论社会团体的服务	
——文化团体的服务	
（六）文化艺术培训服务	
文化艺术培训	8293
其他未列明教育	8299
——美术、舞蹈、音乐辅导服务	
（七）其他文化艺术服务	
其他文化艺术业	8790
四、文化信息传输服务	
（一）互联网信息服务	
互联网信息服务	6420
（二）增值电信服务（文化部分）	
其他电信服务	6319
——增值电信服务（文化部分）	
（三）广播电视传输服务	
有线广播电视传输服务	6321
无线广播电视传输服务	6322
卫星传输服务	6330
——传输、覆盖与接收服务	
——设计、安装、调试、测试、监测等服务	

续表

类别名称	国民经济行业代码
五、文化创意和设计服务	
（一）广告服务	
广告业	7240
（二）文化软件服务	
软件开发	6510
——多媒体、动漫游戏软件开发	
数字内容服务	6591
——数字动漫、游戏设计制作	
（三）建筑设计服务	
工程勘察设计	7482
——房屋建筑工程设计服务	
——室内装饰设计服务	
——风景园林工程专项设计服务	
（四）专业设计服务	
专业化设计服务	7491
六、文化休闲娱乐服务	
（一）景区游览服务	
公园管理	7851
游览景区管理	7852
野生动物保护	7712
——动物园和海洋馆、水族馆管理服务	
野生植物保护	7713
——植物园管理服务	
（二）娱乐休闲服务	
歌舞厅娱乐活动	8911
电子游艺厅娱乐活动	8912
网吧活动	8913
其他室内娱乐活动	8919
游乐园	8920
其他娱乐业	8990
（三）摄影扩印服务	
摄影扩印服务	7492
七、工艺美术品的生产	
（一）工艺美术品的制造	
雕塑工艺品制造	2431
金属工艺品制造	2432
漆器工艺品制造	2433
花画工艺品制造	2434

第五章 现代服务业的商业生态系统分析

续表

类别名称	国民经济行业代码
天然植物纤维编织工艺品制造	2435
抽纱刺绣工艺品制造	2436
地毯、挂毯制造	2437
珠宝首饰及有关物品制造	2438
其他工艺美术品制造	2439
（二）园林、陈设艺术及其他陶瓷制品的制造	
园林、陈设艺术及其他陶瓷制品制造	3079
——陈设艺术陶瓷制品制造	
（三）工艺美术品的销售	
首饰、工艺品及收藏品批发	5146
珠宝首饰零售	5245
工艺美术品及收藏品零售	5246
第二部分　文化相关产品的生产	
八、文化产品生产的辅助生产	
（一）版权服务	
知识产权服务	7250
——版权和文化软件服务	
（二）印刷复制服务	
书、报纸、杂志印刷	2311
本册印制	2312
包装装潢及其他印刷	2319
装订及印刷相关服务	2320
记录媒介复制	2330
（三）文化经纪代理服务	
文化娱乐经纪人	8941
其他文化艺术经纪代理	8949
（四）文化贸易代理与拍卖服务	
贸易代理	5181
——文化贸易代理服务	
拍卖	5182
——艺（美）术品、文物、古董、字画拍卖服务	
（五）文化出租服务	
娱乐及体育设备出租	7121
——视频设备、照相器材和娱乐设备的出租服务	
图书出租	7122
音像制品出租	7123
（六）会展服务	
会议及展览服务	7292

续表

类别名称	国民经济行业代码
（七）其他文化辅助生产	
其他未列明商务服务业	7299
——公司礼仪和模特服务	
——大型活动组织服务	
——票务服务	
九、文化用品的生产	
（一）办公用品的制造	
文具制造	2411
笔的制造	2412
墨水、墨汁制造	2414
（二）乐器的制造	
中乐器制造	2421
西乐器制造	2422
电子乐器制造	2423
其他乐器及零件制造	2429
（三）玩具的制造	
玩具制造	2450
（四）游艺器材及娱乐用品的制造	
露天游乐场所游乐设备制造	2461
游艺用品及室内游艺器材制造	2462
其他娱乐用品制造	2469
（五）视听设备的制造	
电视机制造	3951
音响设备制造	3952
影视录放设备制造	3953
（六）焰火、鞭炮产品的制造	
焰火、鞭炮产品制造	2672
（七）文化用纸的制造	
机制纸及纸板制造	2221
——文化用机制纸及纸板制造	
手工纸制造	2222
（八）文化用油墨颜料的制造	
油墨及类似产品制造	2642
颜料制造	2643
——文化用颜料制造	
（九）文化用化学品的制造	
信息化学品制造	2664
——文化用信息化学品的制造	

续表

类别名称	国民经济行业代码
(十) 其他文化用品的制造	
照明灯具制造	3872
——装饰用灯和影视舞台灯制造	
其他电子设备制造	3990
——电子快译通、电子记事本、电子词典等制造	
(十一) 文具乐器照相器材的销售	
文具用品批发	5141
文具用品零售	5241
乐器零售	5247
照相器材零售	5248
(十二) 文化用家电的销售	
家用电器批发	5137
——文化用家用电器批发	
家用视听设备零售	5271
(十三) 其他文化用品的销售	
其他文化用品批发	5149
其他文化用品零售	5249
十、文化专用设备的生产	
(一) 印刷专用设备的制造	
印刷专用设备制造	3542
(二) 广播电视电影专用设备的制造	
广播电视节目制作及发射设备制造	3931
广播电视接收设备及器材制造	3932
应用电视设备及其他广播电视设备制造	3939
电影机械制造	3471
(三) 其他文化专用设备的制造	
幻灯及投影设备制造	3472
照相机及器材制造	3473
复印和胶印设备制造	3474
(四) 广播电视电影专用设备的批发	
通信及广播电视设备批发	5178
——广播电视电影专用设备批发	
(五) 舞台照明设备的批发	
电气设备批发	5176
——舞台照明设备的批发	

资料来源：国家统计局网站。

从以上分类可以看出，文化产业已经成为跨产业类别的一个大的行业系统，其中行业代码以 2 和 3 开头的均属于制造业门类，因此，在国家统计局统计过程中，文化产业是文化制造业、文化批发和零售业以及文化服务业三大门类综合的产业。虽然按国家统计局的统计划分标准，并没有将文化产业单独分门别类，而是规定了文化及相关产业的类别，并不全部归属于现代服务业，但正如我们后面所要介绍的，在这十大行业的增加值中，绝大部分增加值还是由文化服务业创造的，就如上一章一样，基础运营设备制造商也是商业生态系统中的重要组成部分，尽管它是制造业而不是现代服务业，但其在生态系统中的角色是不可或缺的，我们在讨论过程中主要涉及的是信息服务业企业的生态现状和战略选择，这并不违背本书的写作主旨，本章亦是，文化产业生态系统离不开文化制造业和批发零售业，它们也是生态系统中的重要组成部分，我们在本章的讨论中主要涉及的是占文化产业中绝大部分的文化服务业企业在整个生态系统中的现状和策略选择。

（二）政策环境

2007 年中共十七大报告中明确提出，文化越来越成为民族凝聚力和创造力的重要源泉、越来越成为综合国力竞争的重要因素，丰富精神文化生活越来越成为我国人民的热切愿望。要坚持社会主义先进文化前进方向，兴起社会主义文化建设新高潮，激发全民族文化创造活力，提高国家文化软实力，使人民基本文化权益得到更好保障，使社会文化生活更加丰富多彩，使人民精神风貌更加昂扬向上。要建设社会主义核心价值体系，增强社会主义意识形态的吸引力和凝聚力；建设和谐文化，培育文明风尚；弘扬中华文化，建设中华民族共有精神家园；推进文化创新，增强文化发展活力。中华民族伟大复兴必然伴随着中华文化繁荣兴盛。要充分发挥人民在文化建设中的主体作用，调动广大文化工作者的积极性，更加自觉、更加主动地推动文化大发展大繁荣，在中国特色社会主义的伟大实践中进行文化创造,让人民共享文化发展成果。[①]在此基础上,2009年9月,国务院发布了《文化产业振兴规划》,规划中首先明确了加快文化产业振兴的重要性和紧迫性,认为文化产业是市场经济条件下繁荣发展社会主义文化的重要载体,是满足人民群众多样化、多层次、多方面精神文化需求的重要途径,也是推动经济结构调整、转变经济发展方式的重要着力点。但我国文化产业的发展水平还不高、活力还不强。2014年2月,中央全面深化改革领导小组第二次会议审议通过了《深化文化体制改革实施方案》,根据2014年的工作要点,启动实施80多项改革任务,这些任务主要有以下三个方面:一是积极推进的改革任务,包括基本完成省级新闻出版、广播电影电视部门的整合,依法减少和规范文化行政审批,推进国有经营性文化单位转企改制,建立公共文化服务体系建设协调机制,加强现代文化市场体系建设等。二是稳妥推进的试点任务,包括传媒企业实行特殊管理股制度试点,公共图书馆、博物馆、文化馆、科技馆等组建理事会试点,基层综合性文化服务中心建设试点等。三是研究制定的政策文件,包括制定构建现代公共文化服务体系的意见,明确国家基本公共文化服务标准和指标体系,出台支持经营性文化事业单位转企改制和文化企业发展政策的实施细则,制定促进电影发展的经济政策,以及扶持地方戏曲发展、实体书店发展政策等。2014年3月,国务院发布了《关于推进文化创意和设计服务与相关产业融合发展的若干意见》(国发〔2014〕10号)。该意见提出,到2020年,文化创意和设计服务的先导产业作用更加强化,与相关产业全方位、深层次、宽领域的融合发展格局基本建立,相关产业文化含量显著提升,培养一批高素质人才,培育一批具有核心竞争力的企业,形成一批拥有自主知识产权的产品,打造一批具有国际影响力的品牌,建设一批特色鲜明的融合发展城市、集聚区和新型城镇。重点任务有以下几个方面:一是塑造制造业新优势;二是加快数字内容产业发展;三是提升人居环境质量;四是提升旅游发展文化内涵;五是挖掘特色农业发展潜力;六是拓展体

[①] 中国共产党新闻网.胡锦涛在中国共产党第十七次全国代表大会上的报告(7)[EB/OL].(2015-08-02). http://cpc.people.com.cn/GB/64093/67507/6429849.html.

育产业发展空间；七是提升文化产业整体实力。同月，国务院还发布了《关于加快发展对外文化贸易的意见》（国发〔2014〕13号）。该意见明确了在文化产业发展对外贸易中的支持重点：鼓励和支持国有、民营、外资等享有同等待遇、鼓励和引导文化企业加大内容创新力度、支持文化企业拓展文化出口平台和渠道、支持文化和科技融合发展等；加大财税支持，加大文化产业发展专项资金等支持力度，对国家重点鼓励的文化产品出口实行增值税零税率等；强化金融服务，鼓励金融机构探索适合对外文化贸易特点的信贷产品和贷款模式，支持重点企业扩展融资方式等；完善服务保障，享受海关便捷通关措施，减少对文化出口的行政审批事项，加强相关知识产权保护等。2014年3月，文化部、中国人民银行、财政部联合发布了《关于深入推进文化金融合作的意见》（文产发〔2014〕14号）该意见吸纳了近年来文化金融合作的经验与成果，结合当前金融改革和文化产业发展的新趋势，突出改革创新精神，发挥市场配置资源的决定性作用，从认识推进文化金融合作重要意义、创新文化金融体制机制、创新文化金融产品及服务、加强组织实施与配套保障这四个方面提出了深入推进文化金融合作的要求。2014年8月，文化部和财政部联合发布了《关于推动特色文化产业发展的指导意见》（文产发〔2014〕28号）。该意见要求，加大财政对特色文化产业发展的支持力度，把特色文化产业发展工程纳入中央财政文化产业发展专项资金扶持范围，分步实施、逐年推进。充分发挥财政资金杠杆作用，重点支持具有地域特色和民族风情的民族工艺品创意设计、文化旅游开发、演艺剧目制作、特色文化资源向现代文化产品转化和特色文化品牌推广，支持丝绸之路文化产业带、藏羌彝文化产业走廊建设。除了以上介绍的关于文化产业整体发展的政策之外，还有针对个别行业的政策支持，如电影产业、旅游产业、文化产业小微企业等。可以看出，随着对文化产业发展的重视程度的不断加深，对文化产业发展的支持力度也不断加大。根据前文的介绍我们知道，文化产业涉及相当多的领域，有很多领域和其他产业互为交叉，在产业边界日益模糊的今天，文化产业的发展也涉及其他相关领域的发展，如第四章所讨论的信息服务业、互联网产业等。

(三) 发展现状

1. 文化及相关产业单位情况

在国家大力发展文化产业的政策环境下，我国的文化产业近几年发展较为迅速。从图5-1可以看出，2004~2013年，我国各类文化及相关单位法人数在逐年增加，从2004年的31.79万个增加至2013年的91.85万个，在10年中增长了188.93%，年均增长率达到21%。从文化及相关单位的构成来看，无论是文化制造业、文化批发和零售业以及文化服务业的法人单位数都呈现上升趋势。在这三类法人单位中，文化服务业的法人单位数增加幅度最大，从2004年的19.79万个增加到2013年的61.61万个，增幅达到211.32%，年均增长率为31%。图5-2中显示的是2013年文化及相关单位法人中这三类法人单位的构成情况，其中文化服务业法人单位所占比重最大，为67%；其次是文化制造业，占比最小的是文

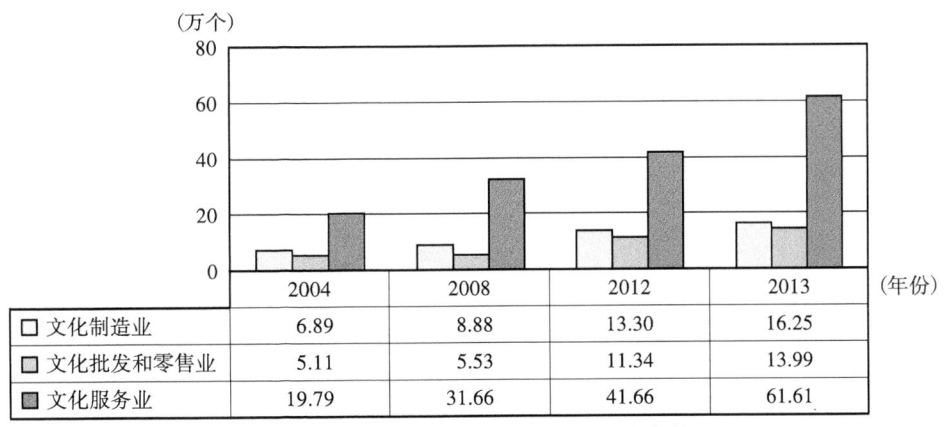

图5-1 我国各类文化及相关单位法人数

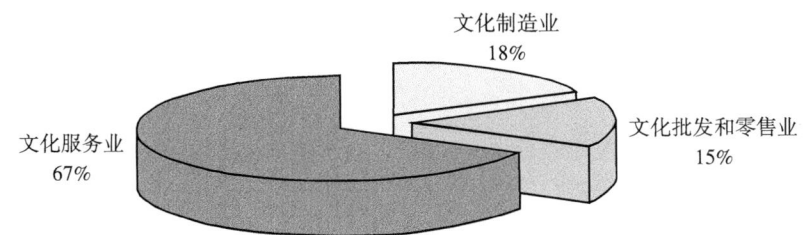

图5-2 2013年不同文化及相关产业法人单位构成

化批发和零售业。从纵向来看，2004~2013年，文化服务业法人单位数在整个文化产业法人中所占的比重也一直保持在65%左右。

从行业分布来看（见表5-2），在十个文化产业的细类中，按法人单位数所占比重来排列，前三位的分别是文化创意和设计服务、文化休闲娱乐服务以及文化产品生产的辅助生产。其中，文化创意和设计服务的法人单位数占到所有单位总数的27%左右，是我国文化产业经营主体的主要组成部分。按产业划分，前六项可以看作是纯服务，后四项中主要涉及的是制造、批发和零售。① 分地区来看，2013年，文化服务业的法人单位数量最多的是北京，为79134个，占全国总数的12.8%，高居全国首位（见图5-3），北京在发展文化产业方面具有得天独厚的天然优势和政府的大力支持。本章的案例分析中我们将着重讨论以产业集群化发展的北京市文化产业的商业生态系统。

表5-2 分行业文化及相关产业法人单位数（2013年）

类别	法人单位数（个）	构成（%）
一、新闻出版发行服务	22925	2.5
二、广播电视电影服务	18912	2.1
三、文化艺术服务	123062	13.4
四、文化信息传输服务	23594	2.5
五、文化创意和设计服务	248416	27.0
六、文化休闲娱乐服务	176022	19.2
七、工艺美术品的生产	45966	5.0
八、文化产品生产的辅助生产	133075	14.5
九、文化用品的生产	114024	12.4
十、文化专用设备的生产	12486	1.4
合计	918482	100.0

2. 文化及相关产业增加值情况

从图5-4可以看出，2004~2012年，文化产业增加值一直保持着稳定的增长。不仅如此，文化及相关产业占GDP的比重也从2004年的2.15%上升至2012年的3.48%，相对份额也在不断提高。在增加值的构成当中，文化服务业法人单

---

① 如第八项的文化产品生产的辅助生产也含有部分的服务业，如会议展览、票务、拍卖等。

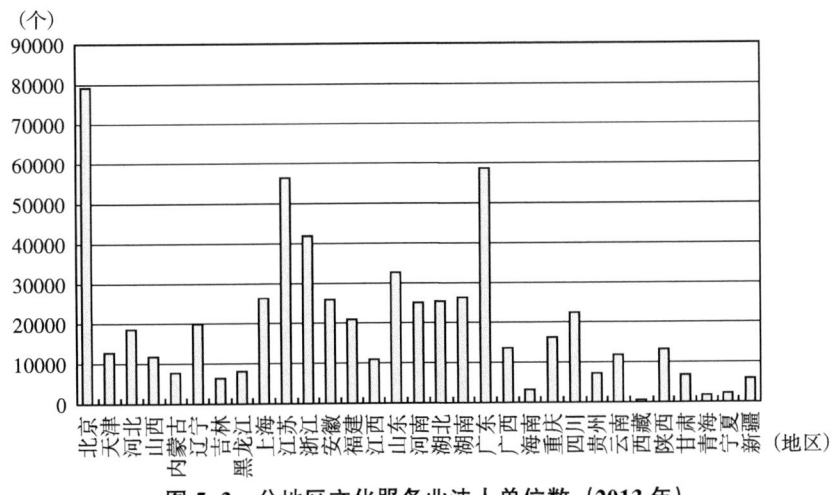

图 5-3 分地区文化服务业法人单位数（2013 年）

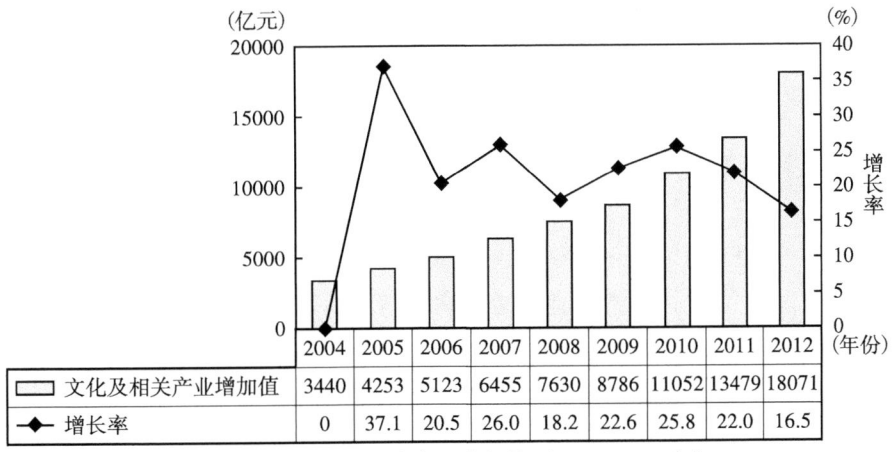

图 5-4 文化及相关产业增加值（2004~2012 年）

位的增加值占到所有文化产业增加值的 50% 以上，[1] 如图 5-5 所示，文化服务业已经成为整个文化产业中增加值最大，最有潜力的部分。

从以上的分析可以看出，在政策的大力支持下，文化产业近些年来蓬勃发展，在国民经济中所占的比重不断提高。文化服务业作为文化产业的主要组成部分更是发展迅猛。那么，文化产业的商业生态系统究竟是由哪些主体构成的？它

---

[1] 文化服务业法人单位增加值占文化及相关产业增加值的比重在 2004 年、2008 年、2009 年、2010 年、2011 年和 2012 年分别为：40%、50.8%、52.8%、53.7%、55.9%、53.3%。资料来源：《2014 中国文化及相关产业统计年鉴》。

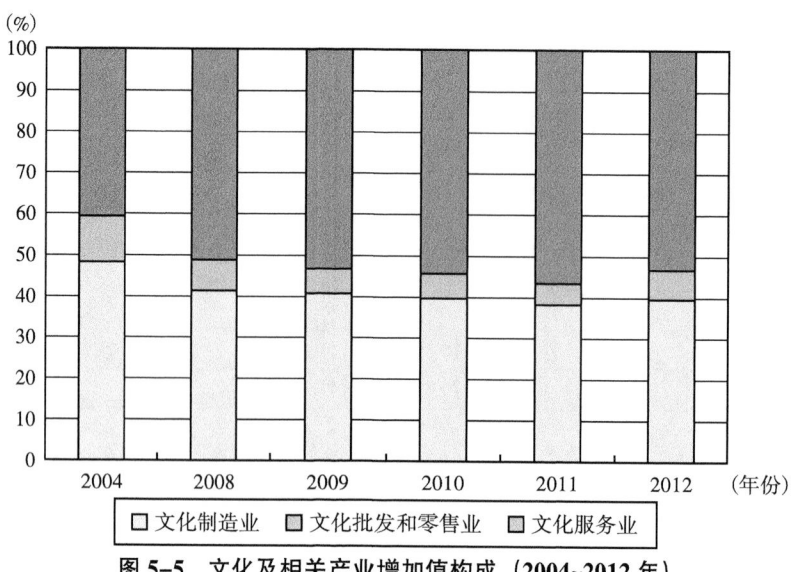

图 5-5 文化及相关产业增加值构成（2004~2012 年）

们之间的关系是什么？这是本书接下来要讨论的内容。

（四）主要构成

与上一章所讨论的网络信息行业不太相同，文化产业包含若干行业，是一个大的行业聚合体，其中也部分地包括互联网行业，因此，我们无法确切地给出在这样一个生态系统中的"物种"。在这里我们主要采用前文的价值链理论，将文化产业中涉及的产品和服务的生产作为研究对象，从其价值的产生入手，来划分整个生态系统中的"物种"。文化产品（服务）的生产和一般产品类似，其价值链就是一条以产品或服务（创意）的产生、传输和消费为核心环节的价值链。一个简单的文化产业价值链包括五个环节，即产品或内容创意、生产制造、营销推广、传播渠道和消费者。产品或内容创意，参与主体是文化内容的提供者，如设计师等，或者是文化产品的研发者；生产制造环节指的是将创意通过技术、工艺等流程批量生产为创意产品；营销推广是经由代理商、策划人、传媒中介人和制作人等运用经济和传媒运作等方式将产品进行推广；传播渠道指的是产品或服务的销售或发行通路，这是文化产品或服务变为产业的关键环节；消费者对整个价值链具有反馈和互动的作用（厉无畏，2006）。在这些环节中，产品或内容创意和营销所占的价值增值最高，为40%左右。明确了文化产业的价值链之后，在这样一个商业生态系统中，简单地存在着以下几个主体：

1. 内容商、设计师、艺术家等文化产品或服务的研发者和创造者

这些主体主要涉及文化产业相关行业，如影视剧本、歌曲创作、书法、绘画、动漫脚本等一系列文化产品或者服务的内容研发者或产品的设计者。与一般商品一样，研发阶段的价值量较高，在文化产业尤其是文化服务业当中，创意或内容也是价值链中的核心环节。这些都是极具个性的服务，所需要的专业技术较强，在国内除了一些大型的文化产业集团之外，主要还是以产业集群的方式来发展，如北京宋庄的原创艺术基地等。还有一些是以个人的方式，如网络小说改编成电视剧等，这些个性的原创产品和服务很难批量化生产，因此价值较高。

2. 生产制造商

这些主体主要从事将文化产品的设计和内容服务的构想变为实际，如影视片的拍摄、电视节目的制作等。当然，一部分的文化产品设计和生产合二为一，如绘画、书法等艺术行业。

3. 营销推广商

这些主体主要是由代理商、策划人、传媒中介人和制作人等构成，他们运用经济和传媒运作等方式将产品进行推广，对于某些产业而言，营销推广是在生产制造之前的，如影片、电视节目的制作，只有制作人将产品的创意和内容提供给相关合作者之后，先期进行营运之后才有资金进行拍摄和制作，如果内容没有得到市场认可是没有市场价值的。

4. 传播渠道

也就是渠道运营商，其主要任务是选择产品或服务的销售或发行通路，这是文化产品或服务得到市场价值的关键环节。

5. 消费者

消费者是文化产品和服务的最终接受者，也是其市场价值的最终评判者，因此，消费者的反馈有利于文化企业调整产品内容和服务的生产制造以及运营，对整个商业生态系统的健康有着重要的作用。

6. 其他子系统

除了以上要完成文化产品和服务的必须阶段外,还需要其他的支撑系统,如政府机关、高校、科研机构、非营利组织等,它们都是构成整个生态系统不可或缺的部分。

7. 部分平台企业

与上一章的网络信息服务业相同,随着网络经济的不断发展,文化产业也出现了与信息服务业类似的平台企业。这些企业的出现将原有的价值链扁平化,并带来了商业模式的创新。

需要注意的是,以上7个主体是从文化产品或服务的角度所提出的在文化产业这个生态系统中所需要的主体,但实际上,很多大型的文化企业是集几个主体于一身的,如华谊兄弟、慈文传媒集团等,都是集影视的制作、发行、运营等一体的综合性传媒公司。这与上一章所讨论的网络通信行业类似,一些大型的企业可能会通过纵向一体化的方式占据商业生态系统中的多种角色,但这种核心型企业的数量毕竟还较少,大量的缝隙型企业才是整个生态系统多样性和健康性的生存之本。

(五) 主要属性

1. 内容或创意是核心

整个文化产业的生态系统是围绕着文化产品的生产或服务的,与上一章的信息服务业略有不同的是,我们并没有去讨论整个生态系统内的产品和服务,这主要是因为信息服务技术更多的是作为一种载体,所涉及的产品却是丰富多彩的,其中也包含文化产业的很多产品,如电影电视、文艺表演等。也可以这么说,上一章我们所描述的通信和互联网生态系统是比本章讨论的文化产业生态系统更大的一个系统,因此我们没有对这个生态系统内部的产品和服务做更深入的分析。在文化产业的价值链中,我们知道产品的内容创意以及营销这两个部分的价值最高,因此,也是行业中争相追逐的部分。其中,产品或内容的创意和设计需要具有较强的专业技术水平,因此,如果要占据价值链的高端部分,就需要企业在相关方面增加投入，增加自主创新的能力。

2. 价值共享

在信息媒体技术进一步发展的今天，文化产品和服务的多样化也带来了生态系统中各主体的价值共享。前文提到，一个健康的生态系统是要给予各成员不同的价值并使其不断增加，而不是瓜分其他成员的价值做到一家独大，垄断是经济效率低下的表现。在文化产业商业生态系统中，价值的共享表现在跨媒体和与各主体的合作上，如一档优秀的电视节目除了能够吸引广告商的大量投资，还会给其他相关产业带来巨大的收益。如选秀类的节目，一方面吸引了大众的眼球，提高了收视率；另一方面能够为唱片公司、歌手等制作单位和个人发掘新生力量，大大节约了搜寻成本，从这个意义上来说，是多赢的。跨媒体的应用也会带来价值的共享，优秀的影视作品可以通过电视播放来获取收视率和广告商的赞助，同时也可以通过网络播放的形式获取，由互联网公司通过后向收费的方式为用户免费提供，并向广告商收费，同样的产品可以为不同的主体带来价值的增加，这也是文化产业生态系统中各个"物种"之间相互协作带来的共同利益的增加。

3. 协同进化

与网络通信行业类似，文化产业生态系统也具有协同进化的特征，一切的创意创造和创新都会为企业带来巨大的价值，在完成整个文化产业产品或服务生产消费乃至回收的链条当中，企业与企业不再是竞争关系，更多的是合作，再大的企业也不可能囊括所有环节，不可能事无巨细地处理烦琐的各类事务，此时，企业与企业之间的合作关系就产生了，在各个主体相互合作的过程中，会带来主体的共同发展，尤其是上下游企业或者互补企业之间，这样的趋势更为明显。在一个健康的商业生态系统中，"物种"的多样性是非常重要的，一家独大的企业毕竟还是少数，大多数的企业依旧是利用缝隙化战略生存的中小企业，这些企业在专业化自身业务的同时，也从与大企业的合作中得到了技术、知识等对企业成长有利的要素，因此，在生态系统中，随着主体之间互动的加深，可以增进"物种"的进化能力，达到协同进化。如上文所提到的同一文化产品以不同媒体的形式展现一例，如果广电系统严禁该文化产品在网络上播放，只会加剧互联网与广电的恶性竞争，由于选择机会的减少消费者的效用也会下降。因此，在健康的生态系统中，新产品或服务的出现是正常的，原来的既得利益者应该从自身着手，找到新的发展机会，在与其他竞争对手共赢的前提下得到更好的进化。

4. 跨界融合

文化产品和服务涉及很多领域，其中我们关注较多的都属于上一章的信息服务业的内容产业。因此，在移动互联网高度发达的今天，同一文化产品或者服务可以通过不同的媒体进行传播，也可以通过线上线下同时传播。如旅游服务，可以通过线上预订、线上支付、线下参团的方式来完成；各种定制服务等方式也可以通过线上的方式来完成，因此，技术的进步使得文化产品和服务（当然不仅限于这些）都可以通过跨媒体的方式来发展，因此，产业的边界日益模糊，对某一项产品或服务的产业或行业归属越来越难以界定，这就是跨界融合的力量。

（六）绩效分析

1. 生产率

"生产率是指一个生态系统将原材料转变为生命有机体的效能，在商业生态系统中用来反映商业生态系统将创新转化为某种新产品或服务的效能"。在文化产业生态系统中，同通信网络生态系统一样，我们从供给和需求两个方面来进行分析。从供给角度，我们可以从文化产业[①]增加值角度进行分析。如图5-4可以看出，文化产业增加值和占国内生产总值的比重都在呈现不断上升的趋势。在创造这些文化产业增加值的法人单位中，有60%以上都是文化服务业法人单位，它们不仅数量大，并且对增加值的贡献也最大（见图5-6）。文化服务业增加值占整个文化及相关产业增加值的比重从2008年开始就一直维持在53%左右。整个产业的增加值占GDP的比重也在呈现逐渐上升的趋势，说明文化产业正在步入一个高速增长期，但与美国等发达国家相比差距还较为显著，这也说明我国文化产业的发展潜力巨大。从另一个角度来看，如表5-3所示，文化及相关产业施工

---

① 由于没有找到文化服务业增加值的变化情况，所以只能以文化产业增加值来替代。

和投产项目数量也在不断增加，2005~2013 年，施工项目总数由 18748 个增加到 29739 个，新开工项目从 14099 个增加到 20329 个，项目建成投产率也有所提高，2013 年达到 61%。

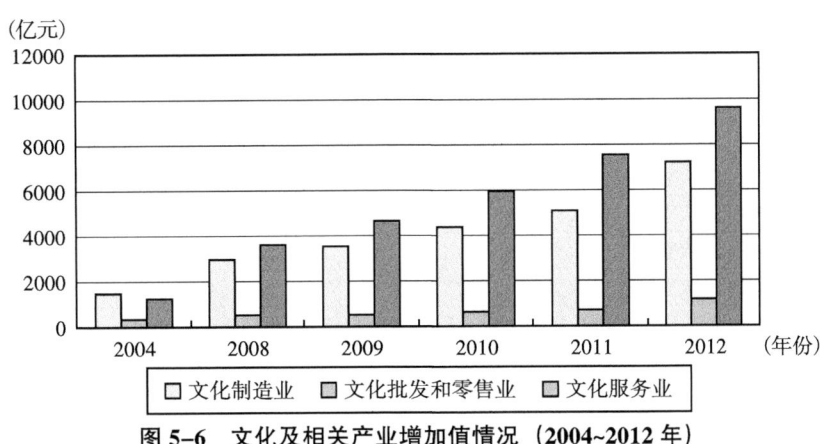

图 5-6 文化及相关产业增加值情况（2004~2012 年）

表 5-3 文化及相关产业施工和投产项目情况（2005~2013 年）

年份	施工项目总数（个）	新开工（个）	全部建成投产项目（个）	项目建成投产率（%）
2005	18748	14099	10712	57.1
2006	18932	13733	10432	55.1
2007	20474	14440	11358	55.5
2008	23379	16423	13529	57.9
2009	28392	21096	17729	62.4
2010	27674	19363	17724	64.0
2011	21803	14366	13279	60.9
2012	27774	19492	16679	60.1
2013	29739	20329	18132	61.0

从需求来看，我们可以从城乡居民人均收入与文教娱乐现金消费支出来看，如表 5-4 所示。可以看到，我国居民的文教娱乐消费支出在城镇中占现金消费支出的 13% 左右，近年来是比较稳定的，农村居民的文教娱乐消费支出占现金消费支出的比重比城镇居民略微要低，近年来呈下降趋势，占 8% 左右，从数据来看，我国居民对文教娱乐的消费支出还是维持在一个比较稳定的水平。因此，从整个市场来看，整个文化产业生态系统的生产率还是比较稳定的。

表 5-4 城乡居民人均收入与文教娱乐现金消费支出（2005~2013 年）

年份	城镇居民				农村居民			
	人均可支配收入（元）	人均现金消费支出（元）	文教娱乐消费支出（元）	文教娱乐消费支出占现金消费支出的比重（%）	人均纯收入（元）	人均现金消费支出（元）	文教娱乐消费支出（元）	文教娱乐消费支出占现金消费支出的比重（%）
2005	10493.0	7942.9	1097.5	13.8	3254.9	2134.6	295.5	13.8
2006	11759.5	8696.6	1203.0	13.8	3587.0	2415.5	305.1	12.6
2007	13785.8	9997.5	1329.2	13.3	4140.4	2767.1	305.7	11.1
2008	15780.8	11242.9	1358.3	12.1	4760.6	3159.4	314.5	10.0
2009	17175.0	12264.6	1472.8	12.0	5153.2	3504.8	340.6	9.7
2010	19109.4	13471.5	1627.6	12.1	5919.0	3859.3	366.7	9.5
2011	21809.8	15160.9	1851.7	12.2	6977.3	4733.4	396.4	8.4
2012	24565.0	16674.3	2033.5	12.2	7917.0	5414.5	445.5	8.2
2013	26955.1	18022.6	2294.0	12.7	8895.9	6112.9	485.6	7.9

2. 稳健性

稳健性指的是商业生态系统对外部冲击的抗干扰能力。对于整个文化产业而言，并没有像上一章所分析的通信产业那样面临过泡沫经济一样强大的冲击，文化产业的冲击多发生在系统内部，因此，对于整个生态系统稳健性的考察并没有实证性的分析。文化产业的很多产品和服务都隶属于通信生态系统，因此上一章的分析可以给予一些对整个文化产业系统稳健性的启示。同时，我们可以通过分析文化产业内部若干个子系统之间的冲击得出一些有益的结论。随着信息技术的广泛应用和移动互联网的高速发展，互联网思维已经渗入了企业的发展，例如，广泛的电子媒体的出现极大地冲击了纸媒的发展，这对于纸媒企业是一个严峻的挑战，如何进行转型，找寻更好的出路是受到这一冲击的行业所必须做出的改变。另一个例子是我国收视率较高的电视娱乐节目大多从国外购买，需要支付大量成本，同时本土节目缺乏创意，收视率不高并且不善于利用新媒体，这些都是在文化产业内部所受到的冲击，从目前的情况来看，外来的冲击会使企业更好地去思考自己未来的发展方向，更积极地寻求合作，促进自身的良性发展，从这个意义上来讲，文化产业的生态系统是具有一定稳健性的。

3. 缝隙市场创造性

缝隙市场创造性指生态系统的"多样性",衡量商业生态系统提高自身成员多样性的能力。在文化产业这样一个子生态系统中,缝隙市场的创造也是层出不穷的。如影视业不再只是影视剧的播放、影院的管理等,还扩展到手机游戏、网络播放等,开辟了不同的业态。网络小说的作者成为了编剧,电子书籍开辟了新的阅读界面,给予消费者不同的选择。从这个角度来看,互联网生态系统给予了文化产业发展更多的可能性。各种业态的融合催生了新的行业并使其不断发展,并使得消费者的选择越来越多。除此之外,原先的互联网公司也利用自身的优势加入到文化产业当中去,如腾讯公司就很好地利用了自身技术水平和即时通信的平台,如QQ、微信等工具,摇身一变成为了内容的提供商,这种纵向一体化的方式为文化产业的发展带来了新的挑战和机遇。在瞬息万变的市场中,企业之间的边界也逐渐模糊,越来越多的企业涉足文化产业领域,在不同的细分行业中找到自己的位置。

二、我国文化产业商业生态系统演进分析

在整个通信行业生态系统不断演进的过程中,文化产业生态系统作为其中的一个子系统也在不断发生着变化,基于互联网信息服务的文化产业的各项创新层出不穷。新业务、新功能、新的商业模式不断涌现。我们下面就对在新技术的冲击下文化产业生态系统的演进阶段、变化特点等方面逐一进行分析。

(一)演进阶段

对于我国的文化产业而言,在新中国成立后到改革开放之前,只能称之为文化事业,政府是国家办文化的唯一主体,文化仅仅是一种单纯的意识形态。改革

开放之后，经济体制的改革也促进了文化领域和思想领域的改革，以民营为主的娱乐业和广告业迅速发展。1985年，国务院将文化艺术作为第三产业纳入国民生产统计中，1987年，文化产业从文化事业中分离出来，通俗艺术媒体得到大发展。20世纪80年代末期，国家提出文化事业单位逐渐向企业化管理过渡。1992年，我国政府主管部门才第一次使用了文化产业的概念。同年，中共十四大的召开提出大力发展包含文化产业在内的第三产业，文化事业才全面向文化产业转变。文化体制改革也风生水起，文化市场和文化产业规模不断扩大，出现了文化企业集团化的趋势，如湖南广电集团等。以中国加入世界贸易组织作为标志，中国文化产业开始融入国际市场，国内的文化市场也开始走向繁荣。各类文化产业蓬勃发展，影视制作、旅游开发、动漫制作、艺术品收藏、软件开发等，形成了一批大规模的文化产业集团和众多小规模的专业化企业。只有在国有化—市场化的过程当中，各主体才能根据市场导向，与上下游企业和相关政府和非政府组织合作，共同完成一个完整的商业生态系统的演进。

（二）变化特点

在文化产业生态子系统的演进过程当中，有以下几个特点：

一是市场化的主体改变了以往僵化的内容模式，在将文化作为单纯意识形态的阶段，文化产品和服务的内容是单一的。由于经济的开发程度不高，消费者也没有渠道获取其他国家和地区的文化产品和服务，因此在当时，消费者对文化的需求也是单一的。

二是改革开放以后，多样化的经营主体带来了丰富的文化产品和服务，在这个阶段，恢复了部分国外的娱乐节目，盒式录音机、录像机进入我国，通俗文艺崛起。电视剧的制作和播放也引起了很大的轰动，如《西游记》、《渴望》等。在推进文化事业单位企业化的过程中，企业摆脱了行政约束，促进资源合理配置，通过转变角色，调整发展方向，接受市场的优胜劣汰，提高了企业的竞争能力。

三是进入以技术革新为基础的互联网时代，造就了大型的传媒集团的出现，还催生了新的业态，促进了不同主体间的互动，对外交流频繁，开拓了文化产业发展的新时代。

在网络通信产业生态系统不断演进的背景下，作为其中的一个子系统，文化产业也在自身改变的同时不断融入了产业间融合、边界逐渐消亡的生态系统中，并得以发展壮大。

在文化产业不断发展的过程中，也充分利用了信息服务业的平台经济，使得内容产业、创意产业通过跨媒体的方式得到了价值共享。因此，作为子系统之一的文化产业的良性发展与整个网络通信生态系统的互动会加强互联网公司和内容供应商之间的强强合作，达到风险共担、利益共享的共赢局面。

三、商业生态理论视角下的文化企业竞争战略分析

（一）竞争战略基础

上一章中我们根据波特的竞争战略，分析了互联网生态系统中的信息服务业企业实现竞争优势的基础，对于文化企业而言，这些战略的选择与信息服务业企业略有不同，对于批量化生产服务产品和服务本身的企业来说，是可以使用成本领先战略的。但是对于更多的内容产业和创意产业而言，由于这些产品和服务很难批量化生产，因此大量的文化企业都是采用差异化的竞争战略，这是由行业性质和企业经营范围决定的。另外，同信息服务业企业一样，要保持与其他企业的差异性，创新就必须成为一个产业链或产业网络的系统工程，单个企业的单点创新均构成了系统创新的一部分，创新价值的实现不仅取决于企业自身的努力，更要依托于整个体系的推动。这就要求企业在制定战略时，不能局限于自身的资源和发展所需，必须要立足于生态层面去统筹调度资源和确立创新目标，避免"有创意无资源、有产品无市场"现象的发生。

（二）竞争战略定位

互联网的进一步发展给深处这个生态系统中的文化产业带来了很大的冲击和不确定性，随着全球化的不断深入，国外发达的内容产业和创意产业不断冲击我国的市场，在这种情况下，文化企业更应该比以往任何时候都需要清醒地认识企业所处生态子系统的生态环境，精准把握不同物种间的竞合关系，充分认识用户、政府等非生产链条成员对于实现服务或者产品价值的重要作用。对于大型的文化产业集团来说，更重要的是要发挥自身的规模优势，采取网络核心型战略而尽量不要采取支配主宰型战略。对于众多的中小型企业，在充分了解市场的基础上，找到适合自身发展的缝隙市场，采取缝隙型战略。具体的我们将在下一部分进行分析。

（三）典型企业的竞争战略选择

在前面的理论介绍中我们已经了解，对于处在生态系统中不同位置的企业，其战略选择是不同的。不是所有的企业都要做到跨国公司的规模，已有的经济学理论也告诉我们，企业是有边界的，规模不是越大越好。在商业生态系统中，强调的是"物种"间的竞争合作来促使整个生态系统健康发展，其中，竞争合作关系就是企业战略的外在表现形式。在文化产业这个生态子系统中，我们主要关注的是大型的跨媒体产业集团和中小型文化企业，因此，我们分别分析这两类企业的竞争战略选择。

1. 跨媒体大型产业集团

大型的跨媒体产业集团有湖南广电集团、南方报业集团等。湖南广电集团是于 2000 年 12 月 27 日宣告成立的中国第一家省级广电传媒集团，是一家跨媒体、跨行业经营的大型传媒集团。集团包含十个电视频道、五个广播频率、《湖南广播电视报》、《天下情》杂志、《法制周报》、网站金鹰网、十几家全资或控股公司。集团下的湖南华夏影视传媒更是拍摄了许多脍炙人口的影视作品。并且湖南广电集团还参与合作卡通产业、电视购物、数字电视总平台、新媒体、大片生产、湖南国际会展中心场馆招商等，是国内最具有影响力的广电传媒集团。这样一个大型的跨媒体产业集团在发展过程中对当地的经济具有巨大的促进作用，尤其是对于文化产业而言，内容行业容易通过各种媒体（电视、电影、网络）等方式来进行广泛传播，增加企业的知名度。因此，大型的跨媒体大型产业集团就如同通信互联网生态系统中的平台一样，为许多企业的发展带来了新的机遇。但是，我们也发现跨媒体的大型产业集团也有着纵向一体化的趋势，很多创意和产品从开始构思、制作、完成到最后的推广和后续的运营都由这个庞大的企业一气呵成，如《超级女声》选秀节目完成之后，大部分获胜选手都会进入由湖南电视台娱乐频道全额控股的子公司天娱传媒作为艺人出道，由他们为这些选手打造成名之路，这期间选手与天娱传媒的纠纷也不断。无论是什么样的文化产品和服务，这种全媒体全产业的大型文化公司都能够囊括其中，类似的经营战略与我们前面理论部分提到的支配主宰型有点相像，不同的是在这样的一个大型企业中，整个企业就像一个大型的网络，企业内部的子公司就像不同的网络节点，但不足以构成一个子生态系统。对于湖南广电集团来说，它的架构类似于支配主宰型，通过纵向一体化对整个产业链进行控制，获取了生态网络的大量价值，并且由于占据了优质的资源，尤其是在电视娱乐节目部分竞争优势非常明显。但由于文化产业生态子系统中包含着众多的产业，湖南广电集团仅仅在电视娱乐业方面的影响力较大，它对整个文化生态子系统的控制力又没有像其他生态系统，如通信产业生态系统中的苹果公司和谷歌公司那样强，因此，我们可以说，这样大型的跨行业媒体集团充其量是在一个自身行业内部的主导，但并不是主宰力量也不是核心型力量，这就又回到了我们上一章所提到的"平台"，能够带领整个生态系统走向成熟、健康的核心型企业一定是能够给其他"物种"提供平台，并与它们一起发展，达到价值共享的。因此，诸如湖南广电集团、浙江广电集团、凤凰传媒等目前规模较大的文化企业只是在这样的一个生态系统中比较强势的"物种"，还并没有统领整个系统的能力。在这种情况下，大型跨媒体产业集团的战略就应当是我们前面所提到的网络核心型的战略，如沃尔玛的生态系统就是一个巨大的供应链网络，包含了制造商及消费者，在引入约束供应商规则的同时也降低了产品到店后的成本，极大地降低了产品的价格。同时，沃尔玛还与宝洁公司建立合作关系，沃尔玛的信息系统与宝洁公司的预测系统通过数据交换连接起来，不仅减少了库存，还提高了计划的精确度和对存储商品类型的判断，供应商可以在沃尔玛零售系统中得到公司产品在店内销售的实时数据，供应商可以提前安排生产计划，降低成本，使得两家公司达到双赢的局面。[①]同样，大型跨媒体文化产业集团也应当在自身发展过程中逐渐建立自身与其他系统内成员的合作关系，达到共赢。

2. 中小型文化企业

对于中小型文化企业而言，缝隙型战略无疑是唯一的选择。需要注意的是，我们前面提到过中小企业对网络核心的耦合强度问题，如果企业与网络核心的耦合过于紧密，这样会产生较高的效率，但组织间的耦合越紧密，套牢的风险也就越大，核心企业对缝隙型企业的控制力就越强。这样，缝隙型企业面临的风险也就越大。另外，商业模式和技术的重大变化会导致紧密耦合的缝隙型企业变得格外脆弱。因此，与核心型企业保持一个适当的耦合强度是相当重要的，松散的耦合可以为缝隙型企业带来一定的弹性和流动性，使其在网络核心发生变化时以较低的转换成本耦合到另一个网络核心而没有套牢的风险，这样，松散耦合的缝隙型企业总体就有巨大的力量与核心企业谈判，缝隙型企业就不再是被网络核心俘获的，而是自主的。前面也提到，缝隙型企业成功的关键在于专业化，而专业化又有赖于创新，只有与其他企业区别开来才能够在生态系统中长久生存下去。在上一章介绍的网络通信生态系统中，安卓的开放平台系统就为大量的中小型手机软件企业提供了施展才华的舞台，而这些缝隙型企业利用自身的优势开发了今天我们所看到和使用的丰富多彩的手机应用平台系统，并使用互联网思维运营，真正实现了多赢。在整个过程中，其关键点就在于缝隙型企业专业化程度，缝隙型企业能够在取得深度专业化的同时，实现各种产品和服务的有机结合。缝隙型企

[①] 马尔科·扬西蒂，罗伊·莱维恩. 共赢——商业生态系统对企业战略、创新和可持续的影响 [M]. 北京：商务印书馆，2006.

业在不断加深自身专业化的同时,也就实现了自身业务的差异化,如果企业产品或服务没有创新或与其他企业相同,那就不可避免地进入恶性竞争的状态,只有具有与其他企业与众不同的产品或服务才能够赢得市场。同样,对于中小型文化企业而言也是如此,再大型的企业也不可能囊括产品或服务从生产到消费售后的全部环节,企业一般都会将除自身核心竞争力之外的部分外包出去。由于文化产业所涉及的行业领域广泛,因此对于不同的行业而言它们的核心环节是不同的,如在影视制作领域,是没有灯光等部门的,只有在拍摄期间才会与专业的灯光合作,并且由于这种技术性较强的部门在合作几次之后都会形成默契,因此,在影视剧拍摄过程中,对于一个大型传媒集团而言,它的灯光一般是由固定的一到两家公司来承担,这些小型的缝隙型企业与大企业之间并没有被控制与控制关系,仅仅是合作关系,从这个角度来说,这样的关系就类似于生态系统中的"共生",能达到共生的前提就是缝隙型企业具有这样的专业化能力来与大企业合作。毫无疑问,缝隙型企业的成功要依赖于其他的企业。因此,中小型文化企业制定缝隙型战略的第一步就是要分析其所处的生态系统中是否存在强有力的网络核心企业;是否有很多家企业都扮演这样的角色;自身应当与这些企业当中的多少建立联系;建立多大的联系等。在明确了以上问题之后,缝隙型企业应当以专业化、差异化为目标,将自身的产品或服务看作相互连接的一个系统中的一个重要环节,在技术和商业模式不断变化的背景下,不断进行专业化和差异化的创新,通过自身产品和服务的贡献来实现差异化并和生态系统内的其他成员形成互补。一旦企业获取了特有能力的专业化,即使生态系统内部的核心企业或者支配主宰型企业要扩张缝隙型企业的市场,缝隙型企业抵御风险的能力也是较强的,因为这些专业化是大型企业无法完成的。奉行缝隙型战略的企业也应当明白,自身已经抛弃了以往的通过规模经济做大做全,实现产品或服务的纵向一体化,达到全程控制的战略。缝隙型企业的战略是利用生态系统中的众多中小型企业的分散化经营,通过专业化和差异化,在与其他主体的合作中完成企业的成长和壮大,并提高抗风险能力。

四、商业生态系统视角下的促进文化产业发展的政策思考

(一) 决策定位

前文所述,商业生态系统是一个由一定经济利益关联的组织组成的动态结构系统,包含涉及产业链的全部环节以及企业与系统内其他成员之间的直接或间接的关系。除了企业之外,还有客户群、供应商群、产业领导者群、投资商、金融商、贸易合作伙伴、标准制订者、高校及研究机构、公共服务机构、政府以及其他利益共同体单位等。商业生态系统理论强调外部环境的作用,将环境看成是商业生态系统的重要组成部分。从我们分析的文化产业生态系统的演进阶段可以看出,从一开始仅仅作为意识形态的文化到如今的泛文化,政府从一开始的管制到产业的市场化改革等,都促进了文化产业生态系统的健康发展。同时,政府作为这个生态系统中的重要一环也兼顾着行业监管和扶持产业发展的双重作用。

(二) 政策思路

在文化产业已有的产业政策基础上,需要进一步加大对文化产业的支持力度。在商业生态系统的视角下,产业的发展已经不仅仅是单个企业的问题,而是整个生态系统中的主体如何通过良性互动、协同进化来完成内部成员的利益共享、风险共担。因此,对于文化产业,不仅需要扶持中小型文化企业的发展,进一步加大文化对外贸易,还需要理顺各主体之间的关系,如企业和高校与科研机构、企业与企业、企业与非政府组织、企业与政府机构之间的关系,切实减轻企业的负担,降低企业与各个主体互动的成本,提高效率,促进文化生态系统的健

康发展，同时，文化产业领域的发展离不开网络和通信技术，因此，对网络、有线电视和通信网的三网合一、互联网+、云服务等方面的支持还需要政府发挥巨大的作用。

(三) 政策建议

一是支持传统文化产业的创新。在互联网高速发展的今天，传统文化产业受到很大的冲击，如纸媒和传统的传媒业都受到了互联网的巨大冲击，电子阅读、移动互联网的使用使得今天人人都可以成为记者，可以是一手信息的来源，在这种情况下，传统的媒体如何重新定位，找到创新点就是面临的巨大挑战。只有在变化来临时找到机遇才能够在市场中生存，如各省市的剧团等演艺集团从事业单位走向市场之初就面临着巨大的困难，政府应当在企业改制和改造过程中给予相应的政策支持，增强企业抵御风险的能力。

二是推动文化产业集聚区的形成。一个完善的产业集群可以成为一个小的商业生态系统，产业集群最重要的特征就是专业化、集约化，它的优点在于产品和服务的上下游企业和相关部门联系非常紧密，只需要通过极少的网络节点就可以到达，极大地节约了企业的生产成本，因此，产业集聚区的建立是必要的。从世界文化创意产业发展来看，创意产业及其相关产业都有着高度的产业集聚性，而且这种集聚性的来源不是预先规划出来的，而是在历史的文化积淀基础上所形成的人际互动关系，以及在生产组织的变化和制度安排背景下所形成的。因此，政府不是规划或是创造某个创意产业集聚区，而是推动和强化产业集聚区的形成。因此，政府在决定推动产业集聚区发展的同时应当对当地实际资源进行深入调研，避免盲目建设、后发无力的情况出现，并且在建设过程当中，除了必要的中介机构和产业链的上下游企业外，与集聚区内行业相关度不强的企业和机构都应当控制在一定数量和范围之内，这可以减少资源的无效配置，更高地提高集群内部的核心竞争力。

三是政府要积极推动创新网络的形成。从我们一般所认为的文化产业而言，创意是文化产业的精髓，也是文化产业区别于其他产业的重要标志。创意来源于知识,来源于创新。文化企业的创新能力和创新效率不仅取决于各创新行为主体本身,还取决于所处的生态系统中各个主体之间所形成的技术、知识和资源网络。在创新网络中,企业、大学和研究机构、政府等各个不同的创新行为主体不仅各自高效运转,而且彼此之间存在着广泛的、多层次的技术合作和人才交流、信息交流,这些信息和资源的相互作用才使得创新的"外溢性"得到发挥。因此,政府应当制定推动文化产业生态系统发展的各项政策,如税收、人才引进方面的政策来吸引不同的创新个体入驻集聚区,促进生态系统的良性发展。另外,在文化产业的生态系统中,大量的缝隙型企业为生态系统的多样化做出了贡献,并成为生态系统健康性的重要标志,而缝隙型企业是靠专业化和持续不断的创新才能得以生存,因此,政府还应当为这些中小微企业的创新提供必要的支持,降低企业创新的风险和不确定性,鼓励企业进行自主创新,提高自身的竞争力。

四是针对不同行业的性质制定政策。文化产业不同于上一章的网络通信行业,里面囊括的行业众多,如影视表演、文化展览、旅游休闲、艺术品拍卖、演艺经纪等,这些行业的性质不同,在生态系统中的作用不同,发展路径也是不同的,因此政府在制定文化产业发展政策中,一定要针对不同行业进行分类、有针对性的指导和支持。

五、案例分析:起点中文网

传统的出版行业的价值链是单向的、直线的。在西方国家,一位作者在酝酿出自己的作品之后,需要通过经纪人将作品提交给出版社,因为大多数出版社只接受拥有经纪人代理的作者投递的作品,在中国,出版社已经取代了经纪人的职责,作者可以直接将作品提交给出版社,只有具有知名度的作者才可能拥有独立的经纪人。在提交了作品之后,出版社在众多的书稿当中经过筛选,得到他们认为会受到市场欢迎的作品,进一步经过修改、编辑、封面设计等加工程序后,再送到印刷厂印制成书籍,之后再由图书经销商将成书运往各地的零售书店、便利店、网店等场所,最终由消费者购买阅读,如图5-7所示。在这种单向的直线的产业价值链当中,每一个环节都在为下一个环节而努力,并且每个环节的成本与利润不断加码,最后体现在书的零售价格上。

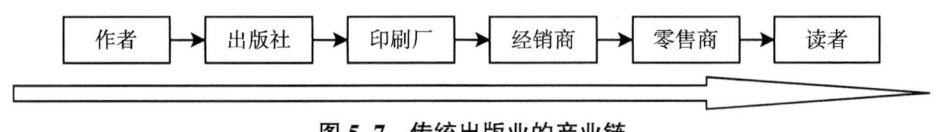

图 5-7 传统出版业的产业链

随着互联网的不断深入以及越来越多的便携式终端的大量出现,传统的纸媒受到了很大的冲击,越来越多的读者选择通过网上阅读,网上阅读平台的出现打破了传统的出版业超过百年历史的线性价值链。起点中文网就是在这样的背景下,提供了一个互联网的虚拟平台,让热衷于写作的各类小说作者、文学爱好者在这个平台上直接刊登自己的作品,读者也能够直接获取自己感兴趣的故事并进行阅读。线上的出版平台改变了原先的直线型的价值链,原本处于产业链首端和末端的作者和读者直接亲密接触,如图5-8所示。①

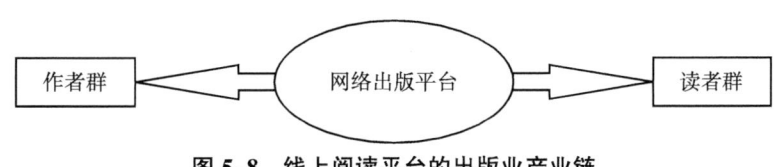

图 5-8 线上阅读平台的出版业产业链

起点中文网创立于2002年5月,是国内最大的原创文学网站,隶属于国内最大的数字内容综合平台——阅文集团旗下。起点中文网以推动中国原创文学事业为宗旨,长期致力于原创文学作者的挖掘与培养,并取得了巨大成果。作为国内最大的原创网络文学网站,起点中文网的作品内容多元,其中玄幻、武侠、都市、历史、军事、游戏、竞技、灵异、科幻等小说题材均具有极大影响力,适合

---

① 陈威如,余卓轩.平台战略——正在席卷全球的商业模式革命[M].北京:中信出版社,2013.

各类用户群。起点中文网现已形成了完善的集创作、培养、销售为一体的电子在线出版机制,并得以向文化产业全面延伸。通过与国内优秀的网络游戏公司、影视公司和出版社全面展开版权运营,带动了起点中文网众多优秀作品成功改编成网络游戏、影视剧、话剧以及出版线下图书等,形成了一套完整的产业链条。起点中文网诞生了诸多经典,在历年各大原创作品排行榜和整个市场份额中占据领先地位。通过起点权威内容专家团队的努力,培养出了众多顶尖网络作家,有力推动了网络职业作家这一全新职业群体的形成和扩大。[①]众多爱好文学的普通人也能够通过这个虚拟的网络平台施展才华,而不必受到现实出版的诸多限制,同时,口味各不相同的读者也能够在这个平台上找到自身的需求,多样化的供给与多样化的需求恰好匹配,形成了一个丰富多彩的内容市场。在这种情况下,传统出版社扮演的把关角色被削弱,数以万计的作者流入市场发表风格各异的文章,越来越多的读者也根据自己的喜好选择想读的作品。2003年10月,起点中文网首创"在线收费阅读"服务,成为真正意义上的网络文学盈利模式的先锋之一,线上阅读平台为读者呈现的内容比传统出版社提供的内容更新颖,价格也更便宜。一般来说,一本20万字左右的纸质书籍的售价约为30元,也就是每千字的阅读价格约为0.15元。在起点中文网,阅读每千字原创小说所需要支付的费用仅为0.02~0.03元,除了价格有巨大的优势之外,网上阅读不需要像实体书那样等待一个漫长的出版周期,作者一旦完成作品读者就可以立刻阅读到,极大地缩短了产品周期。

对于热衷文学创作的作者来说,线上出版平台为他们提供了更大的机会。在传统出版行业,作品的筛选完全由出版社的编辑决定。专业的编辑利用其长期的行业经验与直觉来判断作品的市场价值。在大量的书稿当中,只有极少一部分会以实体书的形式上市并为广大读者熟知。在起点中文网这个虚拟的网络平台,任何人都能够上传作品,直接接受读者和市场的检验。这种虚拟的线上出版平台为读者与作者之间搭建了彼此互动的桥梁。与传统出版行业不同的是,线上平台虽

---

① 起点中文网官网,http://wwwploy.qidian.com/aboutus/aboutus.aspx。

然也兼有出版业务,但并不需要在每一部作品上投资编辑经费和营销经费,作者会进行自我推广,通过发表不同风格的作品来满足消费者的多样化偏好。因此,如果无人购买阅读,作者将承担最大的损失,而非线上平台本身。因此,平台企业的本质就是将多样化供给和多样化需求集合起来搭建一个互动的媒介体系,来达到共赢的目的,营造一个良好的竞争与合作的生态环境。从这个角度而言,以起点中文网为代表的这类文化企业已经将平台的建立和完善作为其发展的主要方向,并创造了新的商业模式和盈利模式,完善其产业链,为其他文化企业的发展指引了新的方向。正如当关键词搜索的盈利模型被创造出来之后,百度、谷歌等公司便从传统的技术供应商变成了平台服务商,登录网站的所有人、无论是企业和个人都成为了它们的用户。这种将传统垂直价值链转向平台的视角使得两家公司创建了属于自己的生态系统。平台企业不仅是提供渠道的媒介,提供机会的中间商,其核心利益是建立起一个网上的"商业生态系统",让有利益相关的各个主体彼此交流互动,实现价值的飞跃。

六、案例分析:北京市文化产业商业生态系统分析

北京市作为中国首都,汇聚了大量的文化产业的资源和人才。2013年,北京市地区生产总值为19500.6亿元,其中第三产业增加值为14986.5亿元,占地区生产总值的76.9%,比2012年上升0.4个百分点。本章的图5-3也表明,2013年文化服务业的法人单位数量最多的是北京,为79134个,占全国总数的12.8%,高居全国首位。在具体的规划和发展过程中,北京市是通过完善已有的文化产业集聚区或依托当地资源条件建立新的文化产业集聚区的形式来发展文化产业的,本节我们就从商业生态系统视角下来分析北京市文化产业集聚区的发展

情况，并对创新驱动下的文化产业集聚区的成长进行实证分析。

（一）政策背景

根据北京市统计局 2006 年发布的《北京市文化创意产业分类标准》，文化创意产业是以创作、创造、创新为根本手段，以文化内容和创意成果为核心价值，以知识产权实现或消费为交易特征，为社会公众提供文化体验的具有内在联系的行业集群。我们前面所介绍的国家统计局发布的文化及相关产业统计标准主要关注的是文化和经济的融合，而北京市文化创意产业进一步关注科技发展对文化、经济活动的深刻影响，更加强调文化、技术和经济三者的深度融合，其范围既包括文化产业的全部内容，同时也包括文化产业以外的科技创新活动内容。[①] 该分类标准把北京市文化创意产业分为九大类，包括文化艺术，新闻出版，广播、电视、电影，软件、网络及计算机服务，广告会展，艺术品交易，设计服务，旅游、休闲娱乐，其他辅助服务。可以看出，北京市的文化创意产业包含全部的文化产业，文化创意产业与文化产业的概念范围基本一致，在接下来的分析中不再区分文化产业与文化创意产业。

2006 年 11 月，北京市委宣传部、市发改委等单位根据《中共中央、国务院关于深化文化体制改革的若干意见》、《北京市国民经济和社会发展第十一个五年规划纲要》，研究制定了《北京市促进文化创意产业发展的若干政策》，从放宽市场准入、完善准入机制、支持创意研发、鼓励自主创新等八个方面进一步推动文化产业的发展。2012 年，根据《北京市人民政府办公厅关于设立北京市国有文化资产监督管理办公室的通知》（京政办发〔2012〕31 号），北京市设立国有文化资产监督管理办公室（以下简称文资办），为市政府授权负责授权范围内国有文化资产监管的市政府直属机构。2014 年，文资办结合《文化部"十二五"时期文化产业倍增计划》要求，编制了国内第一个省级文化创意产业空间布局规划——

---

① 北京统计信息网.《北京市文化创意产业分类标准》及测算结果 [DB/OL]. (2014-12-20). http://www.bjstats.gov.cn/tjys/sjzd/200612/t20061214_78499.htm.

《北京市文化创意产业功能区建设发展规划（2014~2020年）》。北京市文化创意产业功能区拟以北京市30个市级文创集聚区和国家文化园区为主要载体，同时借鉴中关村"一区多园、政策覆盖"的发展模式，着重加强各园区产业协作，培育具有国际竞争力的产业集群。文资办还针对传统行业、优势行业和融合业态的规划提出《北京市文化创意产业提升规划（2014~2020年）》，对不同业态转型升级的路径进行了深入探讨，为北京市文化创意产业的进一步发展提供了政策支持和指引。规划提出，构建"一核、一带、两轴、多中心"的空间格局和"两条主线带动、七大板块支撑"的产业支撑体系。其中，一核：是以首都功能核心区为空间载体的"中心城文化核"，依托首都历史文化和金融、总部资源，扩大北京文化、中华文明的影响力和辐射力。一带：是以中关村海淀园和石景山园为核心，向东延伸至朝阳电子城，向南延伸至丰台科技园、大兴国家新媒体产业基地和亦庄经济开发区的"文化科技融合带"，是北京市高新技术产业和科教资源最丰富的集中带，是落实文化科技"双轮驱动"战略的主阵地。两轴：是长安街及其延长线的东西轴和城市中轴线的南北轴。东西轴线利用创新和创意资源，着重提升"北京创造"中文化创意产业的数量和质量，南北轴线着重提升"北京服务"中文化创意产业的生产性服务业功能。多中心：是以功能区和分片区为中心，辐射带动周边区域发展的文化创意产业空间增长节点。如天竺文化保税功能区、音乐产业功能区中的中国乐谷片区等。两条主线：把握产业融合发展趋势，规划提出以文化科技融合、文化金融融合两大主线贯穿文化创意功能区建设发展各环节，驱动全市文化创意产业又好又快发展。重点规划建设文化科技融合示范功能区、动漫网游及数字内容功能区和文化金融融合功能区。七大板块：结合全市文化创意产业发展重点，主要规划了文化艺术、传媒影视、出版发行、设计服务、文化交易、会展活动、文化休闲等七个功能区板块，包括天坛—天桥核心演艺功能区、CBD—定福庄国际传媒产业走廊功能区等17个功能区，如图5-9所示。

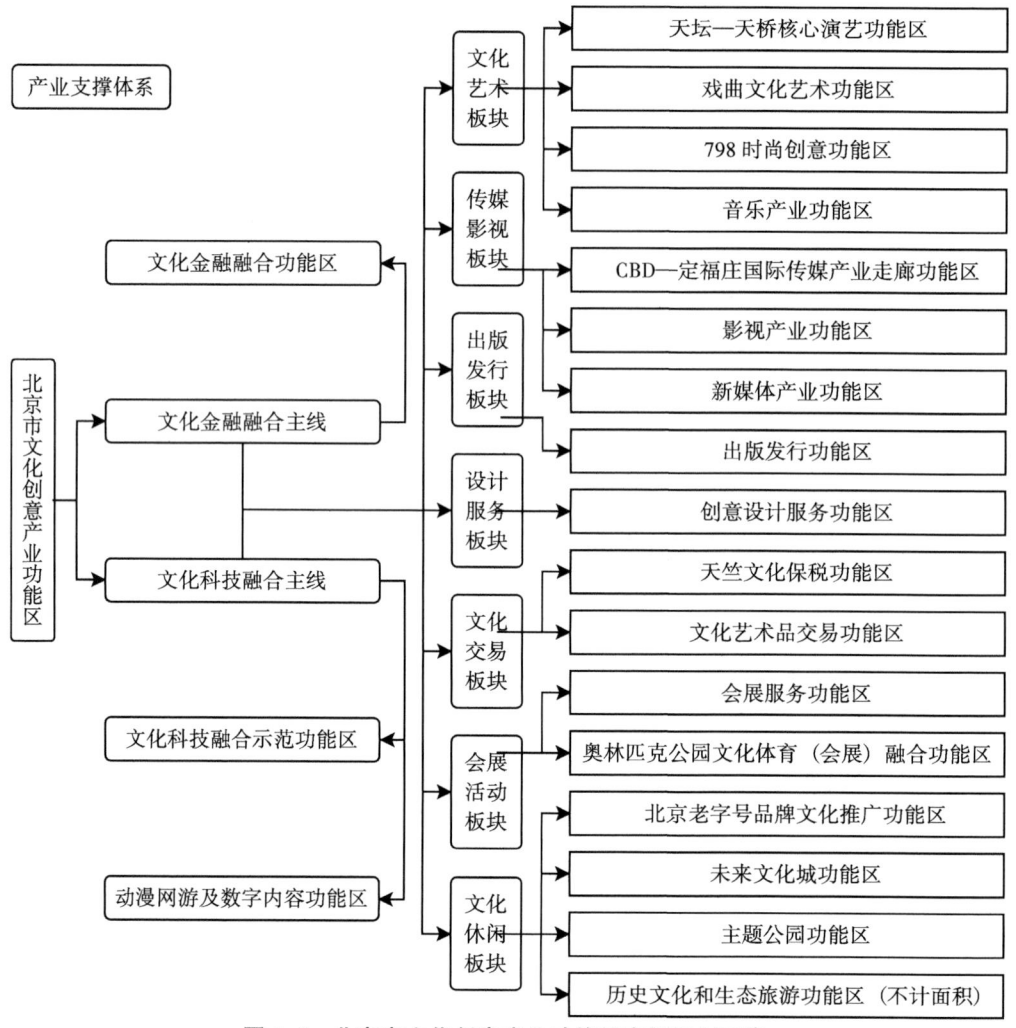

图 5-9 北京市文化创意产业功能区空间规划示意

资料来源：北京市文资办官方网站.北京市文化创意产业功能区建设发展规划（2014~2020 年）[EB/OL].（2014-12-02）. http://www.bjwzb.gov.cn/index.html? link=Content_Temp/Temp/LeftTableList.htm, 176, 2, 177.

从以上的规划中可以看出，北京市的文化产业已经形成了一个多方位立体化的生产格局，涵盖了所有的文化产业，通过产业集群的建设，适时地推进了产业融合，促进了整个文化产业生态系统的发展。

(二)北京市文化产业集聚区概况

北京市文化创意产业领导小组早在 2006 年底就认定了 10 个文化创意产业集聚区,紧接着,又分别在 2008 年 4 月 15 日和 2010 年 11 月 19 日批准了 11 家和 9 家文化创意产业集聚区,如表 5-5 所示。这些文化创意产业园区分布在上文所示的创意产业分类中的八大行业。

表 5-5 北京市 30 个文化创意产业集聚区概况

序号	园区名称	所处区域	建立时间(年份)	所处行业
1	中关村创意产业先导基地	海淀区	2006	软件、网络及计算机服务
2	北京数字娱乐产业示范基地	石景山区	2006	旅游、休闲娱乐
3	国家新媒体产业基地	大兴区	2006	广播、电视、电影
4	中关村科技园区雍和园	东城区	2006	软件、网络及计算机服务
5	中国(怀柔)影视基地	怀柔区	2006	广播、电视、电影
6	北京 798 艺术区	朝阳区	2006	文化艺术
7	北京 DRC 工业设计创意产业基地	西城区	2006	设计服务
8	北京潘家园古玩艺术品交易园区	朝阳区	2006	艺术品交易
9	宋庄原创艺术与卡通产业集聚区	通州区	2006	文化艺术
10	中关村软件园	海淀区	2006	软件、网络及计算机服务
11	北京 CBD 国际传媒产业集聚区	朝阳区	2008	广播、电视、电影
12	顺义国展产业园	顺义区	2008	广告会展
13	琉璃厂历史文化创意产业园区	东城区	2008	文化艺术
14	清华科技园	海淀区	2008	软件、网络及计算机服务
15	惠通时代广场	朝阳区	2008	文化艺术
16	北京时尚设计广场	朝阳区	2008	设计服务
17	前门传统文化产业集聚区	东城区	2008	文化艺术
18	北京出版发行物流中心	通州区	2008	新闻出版
19	北京欢乐谷生态文化园	朝阳区	2008	旅游、休闲娱乐
20	北京大红门服装服饰创意产业集聚区	丰台区	2008	设计服务
21	北京(房山)历史文化旅游集聚区等	房山区	2008	旅游、休闲娱乐
22	中国动漫游戏城	石景山区	2010	旅游、休闲娱乐
23	北京奥林匹克公园	朝阳区	2010	文化艺术
24	八达岭长城文化旅游产业集聚区	延庆区	2010	旅游、休闲娱乐
25	古北口国际旅游休闲谷产业集聚区	密云区	2010	旅游、休闲娱乐
26	斋堂古村落古道文化旅游产业集聚区	门头沟区	2010	旅游、休闲娱乐
27	中国乐谷——首都音乐文化创意产业集聚区	平谷区	2010	旅游、休闲娱乐

续表

序号	园区名称	所处区域	建立时间（年份）	所处行业
28	卢沟桥文化创意产业集聚区	丰台区	2010	旅游、休闲娱乐
29	北京音乐创意产业园	朝阳区	2010	文化艺术
30	十三陵明文化创意产业集聚区	昌平区	2010	旅游、休闲娱乐

1. 总体情况

2013年，北京市地区生产总值为19500.6亿元，其中第三产业增加值为14986.5亿元，占地区生产总值的76.9%，比2012年上升了0.4个百分点。2012年，文化创意产业占北京地区生产总值的比重为12.33%，占第三产业增加值的16.13%。[①] 2012~2013年，从上述的30个产业集聚区为主的北京市文化创意产业活动单位的基本情况可以看出，与2012年相比，统计的八大行业（不包含辅助服务）的资产和收入与上年相比都有所提高，除新闻出版和艺术品交易行业的企业从业人员没有增长之外，其他行业的从业人数均有所上升（见表5-6）。这说明文化创意产业规模在不断增大，吸纳就业能力不断增强。2014年1~9月，规模以上文化创意产业的收入合计为7451.9亿元，同比增长9.2%，其中文化艺术业收入增长最快，为13.4%。从业人员为109.8万人，同比增长2.7%，其中增长最快的是设计服务，比上年同期增长13.5%。

表5-6 文化创意产业活动单位基本情况

项目	资产总计（亿元）		收入合计（亿元）		从业人员平均人数（万人）	
年份	2013	2012	2013	2012	2013	2012
合计	18234.3	15575.2	11657.0	10313.6	162.7	152.9
文化艺术	676.3	551.2	267.6	237.0	7.4	7.2
新闻出版	1714.5	1514.6	954.6	883.0	15.4	15.6
广播、电视、电影	2008.6	1570.7	738.8	680.3	7.2	6.0
软件、网络及计算机服务	7659.3	6529.0	4291.7	3888.1	75.7	69.8

---

① 2013年北京市文化创意产业增加值数据还未公布，2012年数据和2013年第三产业数据出自北京市统计局、国家统计局北京调查总队. 北京统计年鉴（2014）[DB/OL]. (2014-12-20). http://www.bjstats.gov.cn/nj/main/2014-tjnj/CH/index.htm.

第五章 现代服务业的商业生态系统分析

续表

项目	资产总计（亿元）		收入合计（亿元）		从业人员平均人数（万人）	
年份	2013	2012	2013	2012	2013	2012
广告会展	1267.9	1050.0	1388.9	1256.8	13.5	12.5
艺术品交易	910.2	817.5	1098.5	705.6	2.8	2.8
设计服务	1436.4	1163.7	491.6	443.0	13.8	11.9
旅游、休闲娱乐	1082.7	934.5	964.5	849.0	11.2	11.1
其他辅助服务	1478.4	1444.0	1460.8	1370.8	15.7	16.0

资料来源：北京市统计局，国家统计局北京调查总队，北京统计信息网.全市第三产业发展状况统计[DB/OL].（2014-12-25）.http://www.bjstats.gov.cn/sjfb/bssj/ndsj/ndsjfpfb/2013n/201408/P020140820334231708750.xls.

2. 文化创意产业集聚区情况简介

从地域分布来看，30个文化创意产业集聚区分别位于全市全部的16个区，有遍地开花的情况。具体来看，朝阳区所占的文化创意产业集聚区最多，为8个，其次为海淀区和东城区分别有3个，石景山区、丰台区和通州区分别有2个，其余区各有1个。从产业分布来看，各集聚区都是从本地已有产业格局出发，因地制宜发展自己的比较优势产业，尤其是前门、琉璃厂、八达岭、斋堂古村落古道、十三陵、古北口、房山、卢沟桥等所属的集聚区，均是以当地自然、历史和人文资源为依托，建立的以旅游为主要产业的创意产业集聚区。798、宋庄则是以原先就较为活跃的文化产业聚集地为中心点逐渐向外扩张并吸纳与之相关的产业形成的。北京DRC工业设计创意产业基地则是依托周围的研究院和高校资源，利用原邮电部电话设备厂旧厂房进行改造建设而成。中国（怀柔）影视基地是以中影集团电影数字生产基地为核心，将其周边1公里左右范围作为集聚产业发展的核心区，包含影视后期制作中心、影视制片公司等集聚中心等涉及影视制作的全产业链的产业基地。可以看出，这30个文化创意产业集聚区虽然遍布北京的16个区，但各自发展都具有当地的特色，没有重复建设、盲目规划的情况。大部分产业集聚区都有一个核心型企业或机构，以该企业为中心辐射周围的地区，在政府政策的大力支持下，吸纳相关行业企业入驻，带来集聚效应。

3. 规模以上文化创意产业企业情况①

从图 5-10 中可以看出，包含朝阳区、丰台区、石景山区和海淀区的城市功能拓展区的规模以上文化创意产业的收入、利润总额、应交税金和从业人员平均人数所占比重都是最大的，其次是首都功能核心区，然后是城市发展新区，最后是生态涵养发展区。② 从中我们能够得出的仅仅是这些不同的城市功能区的文化创意产业对北京文化产业的贡献大小，但我们不能以此去判断不同功能区的文化创意产业发展的优劣，因为这些地区涉及不同的产业，其劳动生产率、吸纳就业的能力、盈利能力也不同。因此，在对北京市文化创意产业集聚区进行分析时，

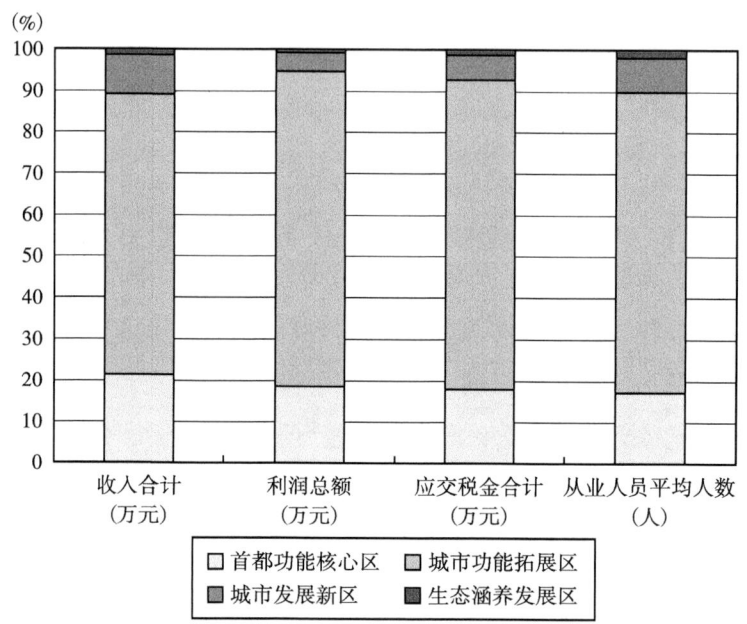

图 5-10 各功能区规模以上文化创意产业 2013 年收入总额、利润总额、应交税金以及从业人员平均人数占全市比重

资料来源：北京文化创意网 [EB/OL]. (2015-01-05). http://www.bjci.gov.cn/jjq_ygp.htm.

---

① 规模以上文化创意产业统计范围包括年营业收入 500 万元及以上的文化服务业法人单位；年主营业务收入 2000 万元及以上的文化制造业和文化批发业法人单位；年主营业务收入 500 万元及以上的文化零售业法人单位。

② 首都功能核心区包含东城区和西城区；城市功能拓展区包含朝阳区、海淀区、丰台区、石景山区；城市发展新区包括通州区、顺义区、大兴区（北京经济技术开发区）以及昌平区和房山区的平原地区；生态涵养发展区包括门头沟区、平谷区、怀柔区、密云区、延庆区以及昌平区和房山区的山区部分。

不仅要结合发展数据,还需要分门别类地对不同产业进行分析,在这种情况下,功能区内部的纵向比较比功能区之间或者产业集聚区之间的横向比较更有意义。从图 5-11 中各功能区规模以上文化创意产业利润总额的变化情况中可以看出,除了生态涵养区的利润总额比 2012 年相比有所下降外,其他功能区的利润总额都有所上涨,企业的盈利能力变强。因此,从以上的对北京市文化产业集聚区的简要介绍可以看出,如果沿用我们前文的分析,使用生产率来衡量生态系统健康性,那么从文化产品和服务的供给方——各个领域的文化产业企业的数据来看,以产业集聚区作为文化产业发展载体的文化产业生态系统还是比较繁荣的。

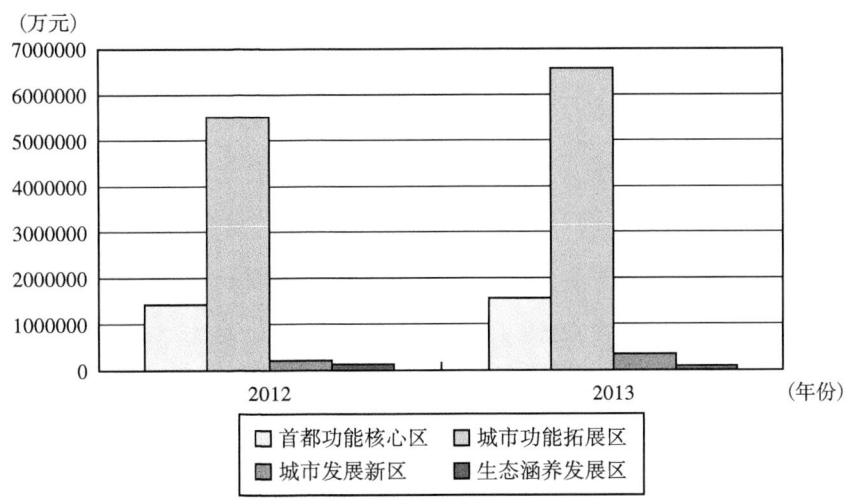

图 5-11　各功能区规模以上文化创意产业 2012 年、2013 年利润总额变化情况

从需求来看,2013 年,北京市城镇家庭人均收入为 45274 元,比 2012 年增加了 10.1%。城镇居民家庭人均消费支出 2013 年为 26275 元,比 2012 年增加 9.3%,这其中,与文化产业最接近的支出为教育文化娱乐支出,在 2013 年为 3985 元,比上年增长 7.8%,由于消费统计和文化产业统计有所差别,因此教育文化娱乐支出并不能全部代表居民在文化产业方面的支出。值得注意的是,2013 年,农村家庭人均消费支出中用于文教娱乐用品和服务的支出为 1331 元,比 2013 年上涨 15.4%,超出了农村人均消费支出实际增长 10.5%的比重,再加上文教娱乐用品没有涵盖所有的文化产业产品和服务,可以预见农村人口对文化产品

和服务的消费潜力是巨大的。

（三）北京市文化创意产业的商业生态系统分析

北京市文化创意产业在整个文化创意产业生态系统中具有重要的意义。由于北京市作为中国首都，是创意资源和人才的集中地，因此许多文化创意公司都将这里作为主要经营地或者建立分支机构。在文化产业生态系统中，由于涉及的领域太多，因此并没有像网络通信生态系统中的基础运营商、软件商等主体，在不同的领域中，其产业链和生态系统网络是不同的，它们各自都有一个子生态系统高效运转，不同的子生态系统彼此之间互相联系，从而构成一个大型的文化产业网络，而这个网络又是互联网通信生态系统中的重要组成部分。下面我们从商业生态系统角度来简单分析北京文化创意产业的发展。

从我们之前衡量的生态系统的健康性指标入手，从生产率来看，北京市文化创意产业的增加值在不断提高，规模以上文化创意产业企业的收入也在不断上涨。从需求方来看，北京地区在文化领域的消费金额也在逐年上涨，因此从生产率来看，北京市文化创意产业中的"物种"生存能力还是比较强的。从稳健性来看，这种产业集群式的发展使得企业在受到技术或者创新冲击时能得到一定的保护，并且中小型企业更能够通过产业集群分享创新成果，减少创新的风险，实现协同发展，因此，从这个意义上来说，集群式的发展有益于生态系统的稳健性。最后一个指标是缝隙市场创造性，这主要取决于生态系统中"物种"的多样性。北京市文化创意产业集群涵盖文化创意产业的九大类，重复建设的情况较少，大多是依托当地资源，沿袭传统建立起来的，因此，每一个文化创意产业集聚区都是与众不同的，这有助于文化创意集聚区内部缝隙市场的建立，并且集群与集群之间也不会出现重复建设、恶性竞争的情况。我们以下就不同集聚区的子生态系统为例进行分析。

1. 宋庄原创艺术与卡通产业集聚区

在北京，宋庄原创艺术与卡通产业集聚区是比较著名的文化艺术类集聚区，主要是以从事文学、绘画、雕塑、音乐创作的自由职业者以及以富有创造性的方式、方法展示艺术的社会群体构成并包含着聚集于此围绕艺术品开发的个人和机构。宋庄位于北京通州区北部，总面积115.929平方公里，辖47个行政村，常住人口近10万人（见图5-12）。宋庄地区村民住宅院落大，租金相对便宜。从1993年开始，陆续有艺术家到宋庄镇小堡村租房。1995年10月，北京圆明园画家村解散后，一部分艺术家集体搬迁到小堡村。这些艺术家主要分布在以小堡村为核心的疃里、六合、大兴庄、辛店、喇嘛庄、任庄、北寺、小杨庄、白庙、邢各庄等村庄之中，其中小堡村居住和创作的艺术家约230位，约占宋庄艺术家的1/4。随着艺术家逐渐形成规模，宋庄开始被称为"画家村"，成为中国最大的一个原创艺术家的聚居群落。原来单纯的艺术家居住性聚集形式，也逐步发展为原创艺术家、画廊、批评家和经纪人等共同形成的艺术集聚区。目前宋庄是一个工业建筑和民居错落分布的村落，村落内拥有现代艺术风格的宋庄美术馆、东区艺术中心、上上美术馆和部分艺术家自建的特色工作室，近十家画廊沿小堡村商业街一字排开，大部分艺术家以租住闲置工业厂房和民居为主，建筑外观整体显示艺术村与众不同的文化风貌。经过十多年的发展，宋庄已经形成了一个产值2.5亿元以上，集现代艺术作品创作、展示、交易和服务为一体的艺术品市场体系，相关的配套产业和服务行业以及基础设施也呈现快速发展趋势。2006年，中国最大的动漫企业"三辰卡通集团"北京总部和制作基地正式入驻宋庄，标志着宋庄迎来了发展文化创意产业的新阶段。将宋庄称为"原创艺术集聚区"，是抓住了宋庄艺术家聚居区的本质特点。宋庄是"原创"的，因为数千名从事文学、绘画、雕塑、音乐创作的自由职业者以及以富有创造性的方式、方法展示艺术的社会群体构成了宋庄的基础；宋庄是"艺术"的，因为聚集于此从事商业活动的个人和机构基本上是围绕艺术品开发的；宋庄是一个聚集区，因为它已经形成了功能相对完善的生产、生活环境。从精神特质和生活方式的相似性看，宋庄艺术家实际上成了自由职业艺术家的代名词，从经济属性和功能特性看，宋庄已经是一个具有一定的产业规模和自主创意研发能力，具有专门的服务机构和公共服务平台，能够提供相应的基础设施保障、公共服务及居住和生活消费环境的区域。现在，宋庄原创艺术与卡通产业集聚区已经成为中国最大的原创艺术家集聚地和原创艺术集聚区,可以与法国巴黎的巴比松,美国的SOHO,德国的达豪、沃尔普斯韦德等知名艺术集聚区相提并论。从以上的介绍并结合前面的理论分析我们可知,作为文化产业中的以创意为主的文化艺术类是具有相当差异化的产业,尤其是像宋庄这样的原创产业。因此,在这样的一个子系统中,完全以市场为导向,艺术家们各色各异。一方面,像一个个缝隙型企业,以自己的创造力、创意为核心竞争力,在艺术市场上追求价值,他们并不像一般缝隙型企业一样依托于某个网络核心型企业或者支配主宰型企业,而是以自身对艺术的理解并结合全球艺术市场的需求来开展创作,虽然是以个人或工作室的形式,但是是文化艺术类行业的中流砥柱;另一方面,这些艺术家又处于整个文化创意产业链的顶端,附加值较高,这样的一个集体同时也扮演着网络核心的角色。在宋庄原创艺术区不断发展的过程中,越来越多的上下游企业进驻园区。原创艺术的非复制性使得艺术家们具有很强的差异性,在促进文化艺术多样化发展的同时也为整个文化产业生态系统带来了丰富多彩的多样性。从这个角度上来看,具有强烈原创、创意的文化艺术产业更具有服务产品的特征,是文化产业价值链中价值较高的环节,在生态系统中也具有非常重要的意义,是生态系统中的重要"物种"。

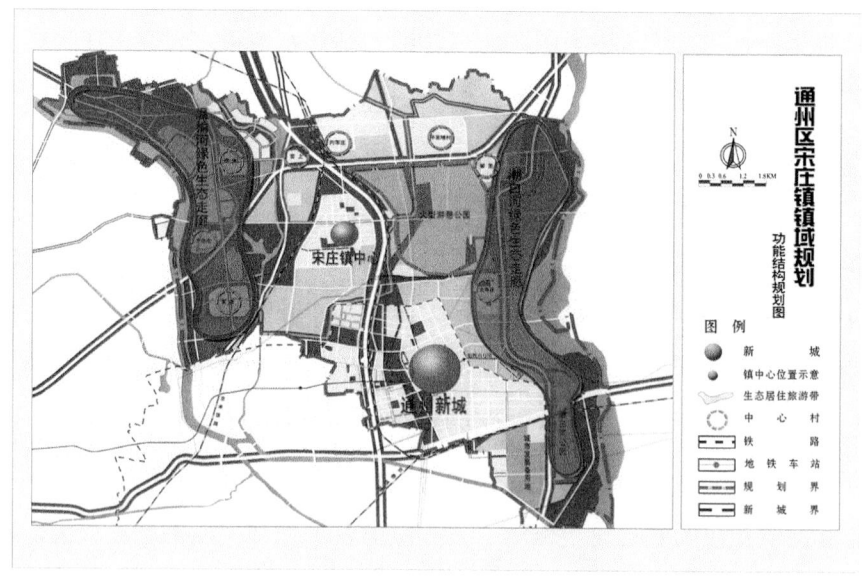

图5-12 通州区宋庄镇镇域规划

2. 中关村国家自主创新示范区

除了以宋庄为代表的文化艺术类文化产业生态子系统之外，北京还聚集着优质的人力资本和技术水平，中关村国家自主创新示范区就是一区多园，覆盖北京市不同区域的高新技术产业开发区。中关村国家自主创新示范区起源于20世纪80年代初的"中关村电子一条街"。2009年3月13日，国务院批复建设中关村国家自主创新示范区，要求把中关村建设成为具有全球影响力的科技创新中心，这也是我国第一个国家自主创新示范区；2011年1月26日，国务院批复同意《中关村国家自主创新示范区发展规划纲要（2011~2020年）》；2012年10月13日，国务院批复同意调整中关村国家自主创新示范区空间规模和布局，成为中关村发展新的重大里程碑。经过20多年的发展建设，已经聚集以联想、百度为代表的高新技术企业近两万家，形成了下一代互联网、移动互联网和新一代移动通信、卫星应用、生物和健康、节能环保、轨道交通等六大优势产业集群，集成电路、新材料、高端装备与通用航空、新能源和新能源汽车等四大潜力产业集群和高端发展的现代服务业，构建了"一区多园"各具特色的发展格局，成为首都跨行政区的高端产业功能区。中关村地区是我国科教智力和人才资源最为密集的区域，拥有以北京大学、清华大学为代表的高等院校40多所，以中国科学院、中国工程院所属院所为代表的国家（市）科研院所206所；拥有国家级重点实验室112个，国家工程研究中心38个，国家工程技术研究中心（含分中心）57个；大学科技园26家，留学人员创业园34家。中关村是中央人才工作协调小组首批授予的"海外高层次人才创新创业基地"，留学归国创业人才1.8万人，累计创办企业超过6000家，是国内留学归国人员创办企业数量最多的地区。目前，中关村共有中央"千人计划"人才874人，占全市近八成。"北京海外人才聚集工程"368名人才，占全市七成以上。"高聚工程"共有158名高端人才及其团队入选。中关村每年发生的创业投资案例和投资金额均占全国的1/3左右；截至2014年，上市公司总数达到254家，其中境内156家，境外98家，中关村上市公司总市值达到30804亿元。2012年8月，国家发改委等九部委和北京市联合发布了《关于中关村国家自主创新示范区建设国家科技金融创新中心的意见》。

中关村将进一步建立并完善政府资金与社会资金、产业资本与金融资本、直接融资与间接融资有机结合的科技金融创新体系，加快国家科技金融创新中心建设。2013年中关村示范区实现总收入超过3.05万亿元，同比增长20%以上；高新技术企业增加值超过4100亿元，占北京市GDP比重超过20%；企业实缴税费1506.6亿元；企业利润总额2265亿元，同比增长26.6%；实现出口336亿美元，同比增长28.5%，约占全市出口总额四成；企业科技活动经费支出1165亿元，同比增长27%。中关村目前"一区多园"的空间格局包括海淀园、昌平园、顺义园、大兴—亦庄园、房山园、通州园、东城园、西城园、朝阳园、丰台园、石景山园、门头沟园、平谷园、怀柔园、密云园、延庆园（见图5-13）。[①]在这16个园区中，有八个园区内的企业主要从事软件信息、互联网和新闻出版、设计行业，属于本书所考察的文化产业范围，其地理分布也与北京市多个文化创意产业集聚区相交叉，这八个园区中包含北京市市级文化产业集群的四个，因此，我们主要分析以这八个园区为主的文化产业集群的生态系统特征。

2013年，中关村国家自主创新示范区内包含软件和信息技术服务业、互联网和相关服务、电信、广播电视和卫星传播服务等的文化创意企业数量达到4949家，总收入达到4049.9亿元，按可比价格计算比2012年增加7.1%。

从生产率来看，我们以海淀园为例，2013年，海淀园区的企业总利润为938.4亿元，比2008年的324.8亿元增长了189%，同时，实缴税费总额也从2008年的233.1亿元增长至2013年的490.3亿元（见图5-14）；除此之外，代表园区内企业创新能力的技术收入和专利授权数量都有较大规模的增长，如专利授权数在2013年为9514项，2008年仅为2406项。从以上指标可以看出，中关村国家自主创新实验区海淀园区内的企业创新活跃，具有较为稳健的生产率。

从稳健性来看，中关村国家自主创新示范区建立得较早，也经历了互联网经济的低谷时期和全球金融危机的冲击，但随着技术的进步和互联网经济的不断发

---

① 中关村国家自主创新示范区官网. 示范区介绍 [EB/OL]. (2015-08-02). http://www.zgc.gov.cn/sfqgk/56261.htm.

图 5-13　中关村国家自主创新示范区一区多园示意

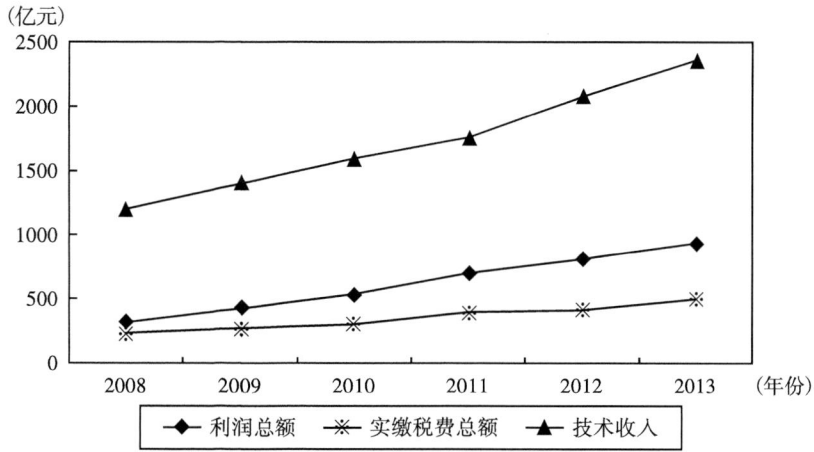

图 5-14　中关村自主创新示范区海淀园区内企业部分指标（2008~2013 年）

资料来源：北京统计信息网 [DB/OL]．(2015-05-20)．http://www.bjstats.gov.cn．

展,加之政府的大力支持,因此示范区一直保持着非常稳定的增长态势。如前所述,集聚区形式的商业生态系统一般都具有较强的稳健性。因为成熟的集聚区一般都具备与产品服务链条相关的完善的配套设施,尤其在这种以高科技企业为主的产业园区中,企业的风险意识、创新能力较强,因此抵御风险的能力也较强,同时,高风险行业更加强了企业与企业之间的合作,形成强大的产业组织或产业联盟。

从缝隙市场创造性来看,中关村自主创新示范区内的八个具有文化产业性质的园区都是依据各区条件建立的,各有不同,如东城园于2006年9月正式开园,2006年12月,东城园被北京市政府认定为"北京市文化创意产业集聚区",2009年2月被国家版权局认定为"国家版权贸易基地"。特色产业是以文化为内涵、科技为手段,重点发展文化创意产业,形成了知识产权、数字内容、文化旅游休闲、中医药科技与文化四大产业群集。其中知识产权产业以版权交易、文化产权交易为核心,以文化金融、版权资源、综合服务等为辅助;数字内容产业的主要发展领域是数字新媒体,重点培育大型传媒企业,以及数字内容关键技术服务商。文化旅游产业依托国子监、雍和宫、钟鼓楼、地坛等历史文化遗迹,同时大力引导民俗文化旅游、休闲文化旅游等多种旅游活动的开展。中医药科技与文化产业围绕中国中医科学院布局,重点发展中医药医疗、保健、养生、休闲、信息、咨询等行业。园区内有北广传媒集团、歌华文化集团、北京演艺集团、中青旅控股、中华版权代理总公司、诺基亚西门子通信技术公司、卡巴斯基等多家知名总部型企业,以及当当网、光线传媒、中文在线、网尚文化等高成长企业。西城园则主要以研发设计、金融后台服务、文化创意和高端交易为主要产业业态;以特色街区、主题楼宇为主要空间形态,打造产业高端发展、空间高效利用、生态环境优美、品牌形象知名、管理服务一流的"首都高端创新型产业集聚区"。知名企业有:联动优势科技有限公司、北京奇虎科技有限公司、人民网发展有限公司、北京互信互通信息技术股份有限公司、中国建筑设计研究院、中国航空规划建设发展有限公司、央视市场研究股份有限公司、北京洛可可科技有限公司、北京和声创景影视技术有限公司、北京DRC工业设计创意产业基地、北京出版集团有限责任公司、北京磨铁图书有限公司、北京产权交易所有限公司、中国林权交易所有限公司等。海淀园凭借得天独厚的科技资源优势、创新人才优势，在发展中创造了瞩目的成绩，园区内的联想、搜狐、亚都、爱国者、水晶石、新奥特等企业在自主创新过程中开发了大量的新技术和新产品；百度、中星微等公司成功在纳斯达克上市。在纳斯达克上市的中关村企业占全国在纳斯达克上市企业总数的一半，海淀园区域内上市企业达到86家。联想、用友、四通、北大方正、清华紫光与一批高新技术企业群体不断发展壮大。世界500强企业中在园区分支机构和研发中心40多家，使海淀园成为跨国公司入驻最密集的区域。在中关村科技园区百家创新型企业试点工作中，海淀园区60余家企业位列其中。可以看出，在我们考察的园区中有不同行业的企业，性质和规模也各不相同。在不同的园区中，也有着千差万别的不同规模的企业，它们充分利用自身专业化的优势，在园区所属的生态子系统中占有一席之地。与我们前面所分析的网络通信产业不同的是，这里的子系统属于不同的行业或产业，因此它们的网络核心企业并不相同，并且这些核心企业不一定是园区内的企业，商业生态系统已经超越了空间的概念，与产品和服务紧密相连。为了更进一步地讨论企业创新性对产业集群或者生态系统成长性的影响，利用可获得的数据，本书对中关村国家自主创新示范区的八大与文化产业相关的园区内的企业创新性与集群成长性进行实证分析，来考察企业或集群的创新性对产业集群或者商业生态系统生产率的影响。

3. 创新对文化产业园区成长的实证分析——企业创新活动对生态系统的影响

本部分我们将单个的产业园区作为考察对象，因为对于不同的产业园区与商业生态系统之间已经跨越了空间的界限，因此很难将某个园区划分在某个生态子系统中，所以我们考虑整个园区内的企业创新与园区成长性的关系，这样的产业园区也可以看作产业集群的概念，因为我国的产业园区都是聚集着一类或几类同一产业类别的企业，并给予优惠的政策使其处于一个相对较好的经营环境。因此，这部分的实证分析是建立在产业集群升级成长以及创新的理论基础上的。

（1）理论基础。产业集群的升级通常指集群作为一个整体的成长。刘芹（2007）认为产业集群升级可以通过两种途径，一种是内部升级，在集群内部通过企业间的竞争与协作，创新的不断涌现来完成企业自身的成长，如企业规模的扩大等量的因素和企业内部结构优化、管理创新等质的因素；另一种是通过纳入全球分工，嵌入全球价值链（GVC）完成升级。Kaplinsky 和 Morris（2001）提出了全球价值链中产业升级的四种方式，即工艺流程升级、产品升级、功能升级和链条（跨行业）升级。无论产业集群通过哪种方式完成升级，其动力都来源于集群内企业的成长。因此，产业集群的升级在很大程度上取决于其内部企业的成长。一般认为，不同的经济学家对企业成长的本质认识并不相同，新古典经济学就认为企业是一个从投入到产出的黑箱，目的是利润最大化，生产行为表现为一系列生产函数，在既定成本下寻求利润最大化的产量。在这种情况下，企业的成长就是企业规模的扩大，最终达到平均成本最低的最适规模。对企业的本质进行经典论述的科斯（1974）认为，企业的存在是因为某些交易由市场完成成本太高，企业可以将交易成本内在化，企业和市场都是资源配置的一种方式，只不过市场的供给和需求由市场机制来调节，企业是由命令或等级制度来配置资源的，此种情形下企业的成长就是交易范围的扩大。虽然研究视角的不同导致了学者们对于企业成长理论的认识并不一致，但经济学家和管理学家就企业的成长机制途径基本达成一致，即内部成长机制、外部成长机制和网络化成长机制。无论通过哪种途径成长，作为其整体组织形式的产业集群也得到了升级和成长。在现有的研究中，对于产业集群通过嵌入全球价值链来完成升级的研究较多（钱平凡，2003；周强，2007；刘奕、夏杰长，2009；曾咏梅，2011），这些研究一方面是关注产业集群通过纳入全球分工达到升级；另一方面，大多数研究的对象都局限于制造业集群，对于服务业集群的研究较少，对于文化产业集群方面的研究就更为稀缺了（康小明、向勇，2005；刘奕、夏杰长，2009）。在创新与产业集群升级方面，许多学者都关注产业集群内部的协同创新网络和协同创新机制。刘哲明（2010）以珠三角的产业集群作为研究对象，对产业集群空间集聚进行测度，通过分析表明产业过度集聚对产业升级不利，应当对集群内企业进行创新成果保护，建立创新网络来促进产业集群升级。产业集群的可持续竞争优势可以通过与区域创新的互动来维持，与产业集群相联系的区域创新能力的加强，可以从技术、人力资本和产业结构等方面提升产业集群的竞争优势（吴迪，2012），讨论创新与文化服务业集群升级的实证分析还较少。与其他行业略有不同,在文化产业集群成长过程中起关键作用的创新包含两个方面的内容:一是约瑟夫·熊彼特在其经典著作《经济发展理论》中首次提出的,认为创新是企业家将生产要素和生产条件进行重新组合,引入生产系统从而获得高利润的过程;二是创新(创造)本身就是文化创意产业的产业链的一部分,并且是产业链的首要环节,是创意产品生产和规模化的基础。

(2)模型建立与回归分析。为了考察企业创新对文化产业集群成长的效应,本部分采用不同的创新能力作为主要影响因素和主要解释变量,从三个维度,分别以产业集群或生态子系统的资产总额(asset)作为产业集群升级的量的指标,利润总额(profit)和出口总额/出口创汇(export)作为产业集群升级质的重要指标。其中,资产总额的增加可以看作是服务业集群总量的扩大;利润总额代表集群内企业生产经营的盈利能力;出口总额代表产业集群升级的外在质的指标,说明集群参与国际分工的能力以及产品、服务或者技术的国际竞争力。作为主要解释变量的创新能力指标,本书采用两种方法:第一种是传统的按照产业集群内科技活动支出作为企业自主创新的能力指标,[①]它是一种事前的、主动的行为,针对企业的科技活动(包含研发)而言,用 techex 来表示;第二种是用产业集群内企业的专利授权数,是一种事后的、代表创新结果的指标,用 patnumb 来表示。由于一般认为科技活动支出或者研发支出的增加会增加企业创新活动的开展,进而申请专利的数量会增加,相应的获得授权的数量也会增加,因此,专利授权数 prtnumb 和科技活动支出 techex 之间具有一定的相关性。为了区分这种事前和事后的创新指标对文化产业集群升级的影响,本书将对三个解释变量分别估计这两个变量对集群成长的影响。除此之外,本书还认为技术收入(techre)作为企业总收入的一部分也是影响服务业集群成长的因素之一,因为技术收入是企业在开发新技术或完善现有技术中获得的收益,从某种程度上也可以看作企业创新的结

---

① 最好的指标是企业的研发支出,由于无法获得八个产业园区的研发支出总额,因此本书以科技活动支出作为替代变量进行回归分析。

果。从表 5-7 的各变量描述性统计中可以看出,组间和组内差异均比较大,因此在回归过程中对各变量取对数,这样在消除异方差的同时也能消除各变量量纲的不同对分析的影响。根据以上假设,我们设定了以下回归模型:

$$\ln asset_{it} = \alpha + \rho \ln asset_{i,t-1} + \beta_1 \ln techex_{it} + \beta_2 \ln patnumb_{it} + \beta_3 \ln techre_{it} + u_i + \varepsilon_{it} \quad (1)$$

$$\ln profit_{it} = \alpha + \beta_1 \ln techex_{it} + \beta_2 \ln patnumb_{it} + \beta_3 \ln techre_{it} + u_i + \varepsilon_{it} \quad (2)$$

$$\ln export_{it} + \alpha + \beta_1 \ln techex_{it} + \beta_2 \ln patnumb_{it} + \beta_3 \ln techre_{it} + u_i + \varepsilon_{it} \quad (3)$$

其中,模型(1)是对文化产业集聚区资产总额和集群内企业的创新能力之间的相关性进行检验,由于资产存量的变化与上期密切相关,因此我们采用动态面板数据模型,将资产存量的滞后项也作为资产总额的解释变量之一,模型(2)和模型(3)与模型(1)之间的差别在于一是被解释变量不同,二是解释变量中不再有被解释变量的滞后项,因此模型(1)是动态面板数据模型,模型(2)和模型(3)是静态面板数据模型。在估计过程当中,对于动态面板数据模型(1),由于被解释变量的滞后项出现在方程中,与扰动项相关,因此,模型的参数估计不再是无偏和一致的,要得到一致的估计量,就必须选择适当的工具变量。一个有效的工具变量必须满足以下两个条件:一是相关性,工具变量与内生解释变量相关;二是外生性,工具变量与扰动项不相关。在动态面板数据模型中,为了解决模型的内生性,采用两阶段最小二乘法(2SLS)所提供的工具变量线性组合是所有线性组合中最线性有效的。因此,我们在具体回归估计中采用系统 GMM 方法,系统 GMM 的优点是可以提高估计的效率,并且可以估计不随时间变化的变量的系数,但其缺点是必须假定被解释变量的滞后项与水平误差无关。经检验,被解释变量资产总额及其一阶滞后项与误差项无关,因此可以采用系统 GMM 进行估计,在实际操作中具体采用 2SLS 方法估计,并考虑到随机扰动项 ε_{it} 可能存在异方差,在回归过程当中使用稳健标准差。由于模型(2)和模型(3)是静态面板数据,我们采用 GLS 进行估计。数据采用中关村国家自主创新试验区城区内的八个产业园区(海淀园、丰台园、朝阳园、昌平园、亦庄园、石景山园、东城园、西城园)2008~2013 年的数据,这些园区大部分属于软件信息、互联网和新闻出版、设计行业,均属于本书所考察的文化产业范围,其地理分布也与北京市多个文化创意产业集聚区相交叉,因此,本书认为这八个园区的发展现状从某种程度上可以代表技术含量较高的文化产业集群的发展。数据的描述性统计和经过处理后的模型估计结果分别如表5-7、表5-8所示。

表5-7 各变量的描述性统计

变量	类型	均值	标准差	最小值	最大值	观测值
asset（亿元）	全样本	4127.277	5383.504	101.4	22797.2	NT=48
	组间		5181.63	481.6333	16329.15	N=8
	组内		2233.636	4195.873	10595.33	T=6
profit（亿元）	全样本	196.7688	228.709	3.4	938.4	NT=48
	组间		220.2435	19.5	701.45	N=8
	组内		94.66229	179.8813	433.7188	T=6
export（亿美元）	全样本	31.84854	42.82316	0.03	139.4	NT=48
	组间		44.01325	2.255	123.0417	N=8
	组内		10.13598	1.523542	65.82354	T=6
techex（亿元）	全样本	102.3979	149.6196	6.2	609.5	NT=48
	组内		153.7112	22.75	476.6	N=8
	组间		35.67061	4.702084	235.2979	T=6
patnumb（项）	全样本	1595.283	2197.412	16	9514	NT=48
	组内		2084.045	72.16667	6576.583	N=8
	组间		973.3549	2575.3	4532.7	T=6
techre（亿元）	全样本	375.6833	601.1998	4.5	2365.7	NT=48
	组内		613.7746	55.28333	1868.083	N=8
	组间		157.4753	288.8	873.3	T=6

表5-8 创新对服务业集群升级效应模型的回归结果①

变量及检验	资产总额 ln asset 为被解释变量的估计结果		利润总额 ln profit 为被解释变量的估计结果		出口创汇 ln export 为被解释变量的估计结果	
ln techex	0.6040804** (2.11)	—	0.4619186** (2.19)	—	0.6286218 (1.69)	
ln patnumb	—	0.3536117 (0.57)	—	0.4687709*** (3.79)		0.193424 (0.77)

① *、**、*** 分别表示在10%、5%、1%水平上显著,括号内表示的是Z值;静态面板数据模型通过豪斯曼检验后选取了随机效应模型,同时采用的是卡方检验来检验模型的整体显著性;在GMM估计中,由于加权矩阵H出现在目标函数中,对目标函数进行反复迭代使其收敛到最小值,因此,GMM估计中一般不定义经典的拟合优度 R² 值和F统计量。

续表

变量及检验	资产总额 ln asset 为被解释变量的估计结果		利润总额 ln profit 为被解释变量的估计结果		出口创汇 ln export 为被解释变量的估计结果	
ln techre	0.5672972 (1.35)	−0.1056718 (−0.11)	0.6006046*** (3.38)	0.453483*** (3.23)	0.3361488 (1.13)	0.592486** (2.10)
cons	1.510107 (0.93)	0.70208 (0.20)	−0.2578469 (−0.5)	−0.7671233 (−1.66)	−1.773705 (0.04)	−1.852165 (−1.94)
调整后的 R²	—	—	0.75	0.85	0.55	0.53
Wald ch2	563.37	663.25	114.16	152.39	30.56	27.56

（3）模型的稳健性检验和结果分析。模型的稳健性检验考察的是评价方法和指标解释能力的强健性，也就是当改变某些参数时，评价方法和指标是否仍然对评价结果保持比较一致、稳定的解释。在上述模型的估计结果中，作为创新因素的科技活动支出和专利授权数与文化产业集群内企业的资产总额和利润总额存在着显著的正相关关系，为了保证这两个模型结果的强健性，本书将采用变量替代的方法，分别用产业集群内企业的销售总额和应缴税费总额替代原始回归中的资产总额和利润总额，再次回归，考察模型结果的稳健性。因为产业集群的整体规模既可以用资产总额来表示，也可以用所有企业的销售额来代表，同理，应缴税费总额与利润总额一样都能够代表企业的盈利能力，由于销售额与资产相比不具有滞后性的影响，所以替代变量后的模型都是静态面板数据模型，估计结果如表 5-9 所示。

表 5-9 模型的稳健性检验

变量及检验	销售总额 ln sales 为被解释变量的估计结果		应缴税费总额 ln tax 为被解释变量的估计结果	
ln techex	0.6501244*** (4.37)	—	0.5016727** (2.70)	—
ln patnumb	—	0.1237383 (1.53)	—	0.2175812** (2.59)
ln techre	0.4553621*** (3.64)	0.14369478*** (5.08)	0.6246594*** (3.99)	0.7681301*** (4.86)
cons	2.213561 (5.54)	0.4770399 (4.5)	−0.98350779 (−2.12)	−1.158264 (−2.23)
调整后的 R²	0.79	0.78	0.78	0.78
Wald ch2	224.22	151.6	162.52	142.45

从模型的稳健性检验来看，在原始回归中较为显著的两个模型在变量替换后和原回归基本保持了一致的结果，本书所关注的相关变量系数的符号以及显著性没有较大的改变，说明原始模型的稳健性较好，具有较强的解释力。

综合原始回归和稳健性检验的结果来看，在前文所述的衡量文化产业集群（园区）成长性的三个因素中，首先，当选取资产总量作为被解释变量时，科技活动支出对文化产业集群（园区）资产总额具有正向促进作用，并且非常显著，也就是企业用于创新的支出增加会促进企业规模的扩大，进而使得产业集群（园区）的资产规模增大，在量的方面得到成长，如果采用文化产业集群（园区）内企业的销售总额作为替代变量回归，可以得到相似的结果，即企业积极投入科技创新活动对产业集群（园区）的成长都具有正向促进作用；当使用专利授权数量作为主要解释变量时，结果不显著，这可能是采用专利授权数量这个代表企业事后创新能力的高低时，创新成果的增加并不一定意味着企业资产规模的扩大，更多地意味着企业盈利能力的增强，[1]因此专利授权数量的变化与企业的资产规模进而与产业集群（园区）的资产规模之间的关系并不显著。[2]如果采用专利申请数量作为解释变量，依然不显著。其次，当选用利润总额作为被解释变量时，专利授权数量与利润呈现显著正相关，这表明作为衡量文化产业集群（园区）内企业创新绩效的专利授权数的增加会增加企业的盈利能力，创新确实会促进企业成长，这也是我们希望看到的结果；同时，科技活动支出与企业的利润也呈正相关关系。即无论是使用哪种创新指标，集群（园区）内部企业创新活动的增加都会带来企业利润增加继而带来集群整体竞争力的提高。需要注意的是，当我们选取利润总额作为产业集群成长指标时，企业通过技术交易所获得的收入与集群成长也呈现出明显的正相关性。最后，当选取文化产业集群（园区）内企业的出口创汇总额作为被解释变量时，本书所选取的创新指标在回归中均不显著，这表明在中关村自主创新实验区中的这八大产业集聚区的企业在纳入全球分工方面，创新

---

[1] 模型（2）的结论恰恰说明了这点。
[2] 本书同时将专利授权数的一阶和二阶滞后变量作为解释变量进行估计，均不显著。

动力依旧不足，参与国际贸易的产品或服务中由创新产生的附加价值并不高，整体竞争力不强，在全球产业分工中依然处在较低的层次。

以上的模型回归中，我们从可得的数据中得到了部分的印证，即创新能够促进企业的成长，增强企业的盈利能力，这也从另一个层面上说明了在当今一个技术创新层出不穷的背景下，创新是企业的生命力，是产业集群成长的重要因素，同样也是生态系统健康性的重要因素，尤其是对于大量的缝隙性企业而言，企业自身的创新意识和创新能力不仅能够使自身在激烈的市场竞争中立于不败之地，更能够增加其与网路核心企业的谈判筹码，避免紧密耦合带来的不确定性风险。

（4）促进北京市文化产业集群发展的政策建议。从创新对部分北京市文化产业集群升级的实证分析中可以看到，创新对文化产业集群的成长升级具有重要的作用。创意、创造是文化产业的灵魂，是企业成长的原动力，也是中小型企业采取缝隙化战略的企业的核心竞争力，但由于创新、研发活动多具有不确定性，因此多数中小企业在研发方面投入较少，动力不强。针对创新活动的不确定性、创新成果的外部性和社会性的特殊性，加强创新对文化产业集群升级的作用，政府应当从以下几个方面予以支持：

一是进一步加大政府资金支持力度，努力营造鼓励企业勇于创新、敢于探索的政策环境。由于创新活动不确定性强，企业研发失败的风险加大了创新的成本。从社会总体看，创新具有正外部性，存在一定的市场失灵，需要政府以"有形之手"去干预或纠正市场失灵的问题，从而提升全社会的创新活动效率。具体而言，政府应当成为中小型文化企业创新活动的"潜在合伙人"，以实际投入积极分担企业创新活动的投入成本。例如，牵头成立企业研发引导基金或创新产业投资基金，通过政府的资金杠杆，引导社会资金进入文化产业，探索解决中小型文化企业在初创期常常遇到的融资难、融资贵的问题。通过这种孵化型投入力度的加大，一方面可以降低企业研发创新成本，另一方面也能实现社会剩余资金与优质项目的有效对接，在弥补企业在创新活动方面存在市场失灵问题的同时，大幅提升整体经济效益。

二是进一步健全、完善支持文化企业创新活动的税收体系。实践表明，税收制度对于企业的生产经营活动有着十分显著的影响。科学合理的税种和税率的设置，可以在保证充足税源的同时，最大限度地减少对社会经济运行的扭曲。具体在文化产业领域，应对不同规模、不同发展阶段、不同特点的文化企业，制定相应的税收政策体系，包括一般规定和优惠政策条件等，细化明确税收优惠支持的重点领域或重点对象，确保各项税收措施可操作可落实。在具体税收工具选择上，要综合运用企业所得税、增值税、个人所得税等税收工具，充分发挥各个税种在研发、生产、市场效果等关键环节的正向激励或负向约束作用，引导文化企业切实加强创新要素投入，提高研发投入产出比，提升创新效率。

三是加强产、学、研、官一体化协同，构建文化产业创新网络。文化产业集聚区的创新能力和创新效率不仅取决于各创新行为主体本身，还取决于各相关主体之间所形成的技术、知识、资源和政策网络的成熟度。在一个高度成熟的创新网络中，企业、大学和研究机构、政府等各个不同主体，不仅各自高效运转，而且彼此之间存在着广泛的、多层次的技术合作、人才交流和信息交流。这些资源、信息和人才的相互作用、相互交流促进创新成果在行业内或不同行业间不断扩散外溢，使得创新成果得到最大程度的实用。相对于创新网络自发形成的漫长性或不确定性，政府部门可以起到更加积极的作用，主动推动创新网络各项构成要素的有机协作，加速创新网络的形成，促进文化产业集群的良性发展。

四是利用自身文化特色和文化资源优势，积极参与全球文化产业分工。经济全球化和信息技术革命是当前经济社会发展最为显著的趋势。文化产业集群应主动适应当前和今后的发展趋势，积极参与全球产业分工，通过干中学不断积累知识经验，提升创新能力，充分应用电子信息、互联网、计算机等先进技术，深度挖掘本土的、民族的文化财富，以创新带动企业的发展。政府部门应积极为文化企业"走出去"或深度参与全球产业分工创造良好的产业环境，提升我国文化企业对外交流的活跃度，积极吸收学习国外先进企业的管理和技术优势，从而进一步促进我国文化产业集群的快速升级。

附　录

国务院关于积极推进"互联网+"行动的指导意见

国发〔2015〕40号

各省、自治区、直辖市人民政府，国务院各部委、各直属机构：

"互联网+"是把互联网的创新成果与经济社会各领域深度融合，推动技术进步、效率提升和组织变革，提升实体经济创新力和生产力，形成更广泛的以互联网为基础设施和创新要素的经济社会发展新形态。在全球新一轮科技革命和产业变革中，互联网与各领域的融合发展具有广阔前景和无限潜力，已成为不可阻挡的时代潮流，正对各国经济社会发展产生着战略性和全局性的影响。积极发挥我国互联网已经形成的比较优势，把握机遇，增强信心，加快推进"互联网+"发展，有利于重塑创新体系、激发创新活力、培育新兴业态和创新公共服务模式，对打造大众创业、万众创新和增加公共产品、公共服务"双引擎"，主动适应和引领经济发展新常态，形成经济发展新动能，对实现中国经济提质增效升级具有重要意义。

近年来，我国在互联网技术、产业、应用以及跨界融合等方面取得了积极进展，已具备加快推进"互联网+"发展的坚实基础，但也存在传统企业运用互联网的意识和能力不足、互联网企业对传统产业理解不够深入、新业态发展面临体制机制障碍、跨界融合型人才严重匮乏等问题，亟待加以解决。为加快推动互联网与各领域深入融合和创新发展，充分发挥"互联网+"对稳增长、促改革、调结构、惠民生、防风险的重要作用,现就积极推进"互联网+"行动提出以下意见。

一、行动要求

(一)总体思路

顺应世界"互联网+"发展趋势,充分发挥我国互联网的规模优势和应用优势,推动互联网由消费领域向生产领域拓展,加速提升产业发展水平,增强各行业创新能力,构筑经济社会发展新优势和新动能。坚持改革创新和市场需求导向,突出企业的主体作用,大力拓展互联网与经济社会各领域融合的广度和深度。着力深化体制机制改革,释放发展潜力和活力;着力做优存量,推动经济提质增效和转型升级;着力做大增量,培育新兴业态,打造新的增长点;着力创新政府服务模式,夯实网络发展基础,营造安全网络环境,提升公共服务水平。

(二)基本原则

坚持开放共享。营造开放包容的发展环境,将互联网作为生产生活要素共享的重要平台,最大程度优化资源配置,加快形成以开放、共享为特征的经济社会运行新模式。

坚持融合创新。鼓励传统产业树立互联网思维,积极与"互联网+"相结合。推动互联网向经济社会各领域加速渗透,以融合促创新,最大程度汇聚各类市场要素的创新力量,推动融合性新兴产业成为经济发展新动力和新支柱。

坚持变革转型。充分发挥互联网在促进产业升级以及信息化和工业化深度融合中的平台作用,引导要素资源向实体经济集聚,推动生产方式和发展模式变革。创新网络化公共服务模式,大幅提升公共服务能力。

坚持引领跨越。巩固提升我国互联网发展优势,加强重点领域前瞻性布局,以互联网融合创新为突破口,培育壮大新兴产业,引领新一轮科技革命和产业变革,实现跨越式发展。

坚持安全有序。完善互联网融合标准规范和法律法规,增强安全意识,强化安全管理和防护,保障网络安全。建立科学有效的市场监管方式,促进市场有序发展，保护公平竞争，防止形成行业垄断和市场壁垒。

（三）发展目标

到 2018 年，互联网与经济社会各领域的融合发展进一步深化，基于互联网的新业态成为新的经济增长动力，互联网支撑大众创业、万众创新的作用进一步增强，互联网成为提供公共服务的重要手段，网络经济与实体经济协同互动的发展格局基本形成。

——经济发展进一步提质增效。互联网在促进制造业、农业、能源、环保等产业转型升级方面取得积极成效，劳动生产率进一步提高。基于互联网的新兴业态不断涌现，电子商务、互联网金融快速发展，对经济提质增效的促进作用更加凸显。

——社会服务进一步便捷普惠。健康医疗、教育、交通等民生领域互联网应用更加丰富，公共服务更加多元，线上线下结合更加紧密。社会服务资源配置不断优化，公众享受到更加公平、高效、优质、便捷的服务。

——基础支撑进一步夯实提升。网络设施和产业基础得到有效巩固加强，应用支撑和安全保障能力明显增强。固定宽带网络、新一代移动通信网和下一代互联网加快发展，物联网、云计算等新型基础设施更加完备。人工智能等技术及其产业化能力显著增强。

——发展环境进一步开放包容。全社会对互联网融合创新的认识不断深入，互联网融合发展面临的体制机制障碍有效破除，公共数据资源开放取得实质性进展，相关标准规范、信用体系和法律法规逐步完善。

到 2025 年，网络化、智能化、服务化、协同化的"互联网+"产业生态体系基本完善，"互联网+"新经济形态初步形成，"互联网+"成为经济社会创新发展的重要驱动力量。

二、重点行动

（一）"互联网+"创业创新

充分发挥互联网的创新驱动作用，以促进创业创新为重点，推动各类要素资源聚集、开放和共享，大力发展众创空间、开放式创新等，引导和推动全社会形成大众创业、万众创新的浓厚氛围，打造经济发展新引擎（发展改革委、科技部、工业和信息化部、人力资源社会保障部、商务部等负责，列第一位者为牵头部门，下同）。

1. 强化创业创新支撑

鼓励大型互联网企业和基础电信企业利用技术优势和产业整合能力，向小微企业和创业团队开放平台入口、数据信息、计算能力等资源，提供研发工具、经营管理和市场营销等方面的支持和服务，提高小微企业信息化应用水平，培育和孵化具有良好商业模式的创业企业。充分利用互联网基础条件，完善小微企业公共服务平台网络，集聚创业创新资源，为小微企业提供找得着、用得起、有保障的服务。

2. 积极发展众创空间

充分发挥互联网开放创新优势，调动全社会力量，支持创新工场、创客空间、社会实验室、智慧小企业创业基地等新型众创空间发展。充分利用国家自主创新示范区、科技企业孵化器、大学科技园、商贸企业集聚区、小微企业创业示范基地等现有条件，通过市场化方式构建一批创新与创业相结合、线上与线下相结合、孵化与投资相结合的众创空间，为创业者提供低成本、便利化、全要素的工作空间、网络空间、社交空间和资源共享空间。实施新兴产业"双创"行动，建立一批新兴产业"双创"示范基地，加快发展"互联网+"创业网络体系。

3. 发展开放式创新

鼓励各类创新主体充分利用互联网，把握市场需求导向，加强创新资源共享与合作，促进前沿技术和创新成果及时转化，构建开放式创新体系。推动各类创业创新扶持政策与互联网开放平台联动协作，为创业团队和个人开发者提供绿色通道服务。加快发展创业服务业，积极推广众包、用户参与设计、云设计等新型研发组织模式，引导建立社会各界交流合作的平台，推动跨区域、跨领域的技术成果转移和协同创新。

(二)"互联网+"协同制造

推动互联网与制造业融合,提升制造业数字化、网络化、智能化水平,加强产业链协作,发展基于互联网的协同制造新模式。在重点领域推进智能制造、大规模个性化定制、网络化协同制造和服务型制造,打造一批网络化协同制造公共服务平台,加快形成制造业网络化产业生态体系(工业和信息化部、发展改革委、科技部共同牵头)。

1. 大力发展智能制造

以智能工厂为发展方向,开展智能制造试点示范,加快推动云计算、物联网、智能工业机器人、增材制造等技术在生产过程中的应用,推进生产装备智能化升级、工艺流程改造和基础数据共享。着力在工控系统、智能感知元器件、工业云平台、操作系统和工业软件等核心环节取得突破,加强工业大数据的开发与利用,有效支撑制造业智能化转型,构建开放、共享、协作的智能制造产业生态。

2. 发展大规模个性化定制

支持企业利用互联网采集并对接用户个性化需求,推进设计研发、生产制造和供应链管理等关键环节的柔性化改造,开展基于个性化产品的服务模式和商业模式创新。鼓励互联网企业整合市场信息,挖掘细分市场需求与发展趋势,为制造企业开展个性化定制提供决策支撑。

3. 提升网络化协同制造水平

鼓励制造业骨干企业通过互联网与产业链各环节紧密协同,促进生产、质量控制和运营管理系统全面互联,推行众包设计研发和网络化制造等新模式。鼓励有实力的互联网企业构建网络化协同制造公共服务平台,面向细分行业提供云制造服务,促进创新资源、生产能力、市场需求的集聚与对接,提升服务中小微企业能力,加快全社会多元化制造资源的有效协同,提高产业链资源整合能力。

4. 加速制造业服务化转型

鼓励制造企业利用物联网、云计算、大数据等技术,整合产品全生命周期数据,形成面向生产组织全过程的决策服务信息,为产品优化升级提供数据支撑。

鼓励企业基于互联网开展故障预警、远程维护、质量诊断、远程过程优化等在线增值服务,拓展产品价值空间,实现从制造向"制造+服务"的转型升级。

(三)"互联网+"现代农业

利用互联网提升农业生产、经营、管理和服务水平,培育一批网络化、智能化、精细化的现代"种养加"生态农业新模式,形成示范带动效应,加快完善新型农业生产经营体系,培育多样化农业互联网管理服务模式,逐步建立农副产品、农资质量安全追溯体系,促进农业现代化水平明显提升(农业部、发展改革委、科技部、商务部、质检总局、食品药品监管总局、林业局等负责)。

1. 构建新型农业生产经营体系

鼓励互联网企业建立农业服务平台,支撑专业大户、家庭农场、农民合作社、农业产业化龙头企业等新型农业生产经营主体,加强产销衔接,实现农业生产由生产导向向消费导向转变。提高农业生产经营的科技化、组织化和精细化水平,推进农业生产流通销售方式变革和农业发展方式转变,提升农业生产效率和增值空间。规范用好农村土地流转公共服务平台,提升土地流转透明度,保障农民权益。

2. 发展精准化生产方式

推广成熟可复制的农业物联网应用模式。在基础较好的领域和地区,普及基于环境感知、实时监测、自动控制的网络化农业环境监测系统。在大宗农产品规模生产区域,构建天地一体的农业物联网测控体系,实施智能节水灌溉、测土配方施肥、农机定位耕种等精准化作业。在畜禽标准化规模养殖基地和水产健康养殖示范基地,推动饲料精准投放、疾病自动诊断、废弃物自动回收等智能设备的应用普及和互联互通。

3. 提升网络化服务水平

深入推进信息进村入户试点,鼓励通过移动互联网为农民提供政策、市场、科技、保险等生产生活信息服务。支持互联网企业与农业生产经营主体合作,综合利用大数据、云计算等技术,建立农业信息监测体系,为灾害预警、耕地质量监测、重大动植物疫情防控、市场波动预测、经营科学决策等提供服务。

4. 完善农副产品质量安全追溯体系

充分利用现有互联网资源，构建农副产品质量安全追溯公共服务平台，推进制度标准建设，建立产地准出与市场准入衔接机制。支持新型农业生产经营主体利用互联网技术，对生产经营过程进行精细化信息化管理，加快推动移动互联网、物联网、二维码、无线射频识别等信息技术在生产加工和流通销售各环节的推广应用，强化上下游追溯体系对接和信息互通共享，不断扩大追溯体系覆盖面，实现农副产品"从农田到餐桌"全过程可追溯，保障"舌尖上的安全"。

（四）"互联网+"智慧能源

通过互联网促进能源系统扁平化，推进能源生产与消费模式革命，提高能源利用效率，推动节能减排。加强分布式能源网络建设，提高可再生能源占比，促进能源利用结构优化。加快发电设施、用电设施和电网智能化改造，提高电力系统的安全性、稳定性和可靠性（能源局、发展改革委、工业和信息化部等负责）。

1. 推进能源生产智能化

建立能源生产运行的监测、管理和调度信息公共服务网络，加强能源产业链上下游企业的信息对接和生产消费智能化，支撑电厂和电网协调运行，促进非化石能源与化石能源协同发电。鼓励能源企业运用大数据技术对设备状态、电能负载等数据进行分析挖掘与预测，开展精准调度、故障判断和预测性维护，提高能源利用效率和安全稳定运行水平。

2. 建设分布式能源网络

建设以太阳能、风能等可再生能源为主体的多能源协调互补的能源互联网。突破分布式发电、储能、智能微网、主动配电网等关键技术，构建智能化电力运行监测、管理技术平台，使电力设备和用电终端基于互联网进行双向通信和智能调控，实现分布式电源的及时有效接入，逐步建成开放共享的能源网络。

3. 探索能源消费新模式

开展绿色电力交易服务区域试点，推进以智能电网为配送平台，以电子商务为交易平台，融合储能设施、物联网、智能用电设施等硬件以及碳交易、互联网金融等衍生服务于一体的绿色能源网络发展，实现绿色电力的点到点交易及实时配送和补贴结算。进一步加强能源生产和消费协调匹配，推进电动汽车、港口岸电等电能替代技术的应用，推广电力需求侧管理，提高能源利用效率。基于分布式能源网络，发展用户端智能化用能、能源共享经济和能源自由交易，促进能源消费生态体系建设。

4. 发展基于电网的通信设施和新型业务

推进电力光纤到户工程，完善能源互联网信息通信系统。统筹部署电网和通信网深度融合的网络基础设施，实现同缆传输、共建共享，避免重复建设。鼓励依托智能电网发展家庭能效管理等新型业务。

（五）"互联网+"普惠金融

促进互联网金融健康发展，全面提升互联网金融服务能力和普惠水平，鼓励互联网与银行、证券、保险、基金的融合创新，为大众提供丰富、安全、便捷的金融产品和服务，更好地满足不同层次实体经济的投融资需求，培育一批具有行业影响力的互联网金融创新型企业（人民银行、银监会、证监会、保监会、发展改革委、工业和信息化部、网信办等负责）。

1. 探索推进互联网金融云服务平台建设

探索互联网企业构建互联网金融云服务平台。在保证技术成熟和业务安全的基础上，支持金融企业与云计算技术提供商合作开展金融公共云服务，提供多样化、个性化、精准化的金融产品。支持银行、证券、保险企业稳妥实施系统架构转型，鼓励探索利用云服务平台开展金融核心业务，提供基于金融云服务平台的信用、认证、接口等公共服务。

2. 鼓励金融机构利用互联网拓宽服务覆盖面

鼓励各金融机构利用云计算、移动互联网、大数据等技术手段，加快金融产品和服务创新，在更广泛地区提供便利的存贷款、支付结算、信用中介平台等金融服务，拓宽普惠金融服务范围，为实体经济发展提供有效支撑。支持金融机构和互联网企业依法合规开展网络借贷、网络证券、网络保险、互联网基金销售等业务。扩大专业互联网保险公司试点，充分发挥保险业在防范互联网金融风险中的作用。推动金融集成电路卡（IC卡）全面应用，提升电子现金的使用率和便捷性。发挥移动金融安全可信公共服务平台（MTPS）的作用，积极推动商业银行开展移动金融创新应用，促进移动金融在电子商务、公共服务等领域的规模应用。支持银行业金融机构借助互联网技术发展消费信贷业务，支持金融租赁公司利用互联网技术开展金融租赁业务。

3. 积极拓展互联网金融服务创新的深度和广度

鼓励互联网企业依法合规提供创新金融产品和服务，更好地满足中小微企业、创新型企业和个人的投融资需求。规范发展网络借贷和互联网消费信贷业务，探索互联网金融服务创新。积极引导风险投资基金、私募股权投资基金和产业投资基金投资于互联网金融企业。利用大数据发展市场化个人征信业务，加快网络征信和信用评价体系建设。加强互联网金融消费权益保护和投资者保护，建立多元化金融消费纠纷解决机制。改进和完善互联网金融监管，提高金融服务安全性，有效防范互联网金融风险及其外溢效应。

(六)"互联网+"益民服务

充分发挥互联网的高效、便捷优势，提高资源利用效率，降低服务消费成本。大力发展以互联网为载体、线上线下互动的新兴消费，加快发展基于互联网的医疗、健康、养老、教育、旅游、社会保障等新兴服务，创新政府服务模式，提升政府科学决策能力和管理水平（发展改革委、教育部、工业和信息化部、民政部、人力资源社会保障部、商务部、卫生计生委、质检总局、食品药品监管总局、林业局、旅游局、网信办、信访局等负责）。

1. 创新政府网络化管理和服务

加快互联网与政府公共服务体系的深度融合，推动公共数据资源开放，促进公共服务创新供给和服务资源整合，构建面向公众的一体化在线公共服务体系。积极探索公众参与的网络化社会管理服务新模式，充分利用互联网、移动互联网应用平台等，加快推进政务新媒体发展建设，加强政府与公众的沟通交流，提高政府公共管理、公共服务和公共政策制定的响应速度，提升政府科学决策能力和社会治理水平，促进政府职能转变和简政放权。深入推进网上信访，提高信访工作质量、效率和公信力。鼓励政府和互联网企业合作建立信用信息共享平台，探索开展一批社会治理互联网应用试点，打通政府部门、企事业单位之间的数据壁垒，利用大数据分析手段，提升各级政府的社会治理能力。加强对"互联网+"行动的宣传，提高公众参与度。

2.发展便民服务新业态

发展体验经济，支持实体零售商综合利用网上商店、移动支付、智能试衣等新技术，打造体验式购物模式。发展社区经济，在餐饮、娱乐、家政等领域培育线上线下结合的社区服务新模式。发展共享经济，规范发展网络约租车，积极推广在线租房等新业态，着力破除准入门槛高、服务规范难、个人征信缺失等"瓶颈"制约。发展基于互联网的文化、媒体和旅游等服务，培育形式多样的新型业态。积极推广基于移动互联网入口的城市服务，开展网上社保办理、个人社保权益查询、跨地区医保结算等互联网应用，让老百姓足不出户享受便捷高效的服务。

3.推广在线医疗卫生新模式

发展基于互联网的医疗卫生服务，支持第三方机构构建医学影像、健康档案、检验报告、电子病历等医疗信息共享服务平台，逐步建立跨医院的医疗数据共享交换标准体系。积极利用移动互联网提供在线预约诊疗、候诊提醒、划价缴费、诊疗报告查询、药品配送等便捷服务。引导医疗机构面向中小城市和农村地区开展基层检查、上级诊断等远程医疗服务。鼓励互联网企业与医疗机构合作建立医疗网络信息平台，加强区域医疗卫生服务资源整合，充分利用互联网、大数据等手段，提高重大疾病和突发公共卫生事件防控能力。积极探索互联网延伸医嘱、电子处方等网络医疗健康服务应用。鼓励有资质的医学检验机构、医疗服务机构联合互联网企业，发展基因检测、疾病预防等健康服务模式。

4.促进智慧健康养老产业发展

支持智能健康产品创新和应用，推广全面量化健康生活新方式。鼓励健康服务机构利用云计算、大数据等技术搭建公共信息平台，提供长期跟踪、预测预警的个性化健康管理服务。发展第三方在线健康市场调查、咨询评价、预防管理等应用服务，提升规范化和专业化运营水平。依托现有互联网资源和社会力量，以社区为基础，搭建养老信息服务网络平台，提供护理看护、健康管理、康复照料等居家养老服务。鼓励养老服务机构应用基于移动互联网的便携式体检、紧急呼叫监控等设备，提高养老服务水平。

5. 探索新型教育服务供给方式

鼓励互联网企业与社会教育机构根据市场需求开发数字教育资源，提供网络化教育服务。鼓励学校利用数字教育资源及教育服务平台，逐步探索网络化教育新模式，扩大优质教育资源覆盖面，促进教育公平。鼓励学校通过与互联网企业合作等方式，对接线上线下教育资源，探索基础教育、职业教育等教育公共服务提供新方式。推动开展学历教育在线课程资源共享，推广大规模在线开放课程等网络学习模式，探索建立网络学习学分认定与学分转换等制度，加快推动高等教育服务模式变革。

（七）"互联网+"高效物流

加快建设跨行业、跨区域的物流信息服务平台，提高物流供需信息对接和使用效率。鼓励大数据、云计算在物流领域的应用，建设智能仓储体系，优化物流运作流程，提升物流仓储的自动化、智能化水平和运转效率，降低物流成本（发展改革委、商务部、交通运输部、网信办等负责）。

1. 构建物流信息共享互通体系

发挥互联网信息集聚优势，聚合各类物流信息资源，鼓励骨干物流企业和第三方机构搭建面向社会的物流信息服务平台，整合仓储、运输和配送信息，开展物流全程监测、预警，提高物流安全、环保和诚信水平，统筹优化社会物流资源配置。构建互通省际、下达市县、兼顾乡村的物流信息互联网络，建立各类可开放数据的对接机制，加快完善物流信息交换开放标准体系，在更广范围内促进物流信息充分共享与互联互通。

2. 建设深度感知智能仓储系统

在各级仓储单元积极推广应用二维码、无线射频识别等物联网感知技术和大数据技术，实现仓储设施与货物的实时跟踪、网络化管理以及库存信息的高度共享，提高货物调度效率。鼓励应用智能化物流装备提升仓储、运输、分拣、包装等作业效率，提高各类复杂订单的出货处理能力，缓解货物囤积停滞"瓶颈"制约，提升仓储运管水平和效率。

3. 完善智能物流配送调配体系

加快推进货运车联网与物流园区、仓储设施、配送网点等信息互联，促进人员、货源、车源等信息高效匹配，有效降低货车空驶率，提高配送效率。鼓励发展社区自提柜、冷链储藏柜、代收服务点等新型社区化配送模式，结合构建物流信息互联网络，加快推进县到村的物流配送网络和村级配送网点建设，解决物流配送"最后一公里"问题。

（八）"互联网+"电子商务

巩固和增强我国电子商务发展领先优势，大力发展农村电商、行业电商和跨境电商，进一步扩大电子商务发展空间。电子商务与其他产业的融合不断深化，网络化生产、流通、消费更加普及，标准规范、公共服务等支撑环境基本完善（发展改革委、商务部、工业和信息化部、交通运输部、农业部、海关总署、税务总局、质检总局、网信办等负责）。

1. 积极发展农村电子商务

开展电子商务进农村综合示范，支持新型农业经营主体和农产品、农资批发市场对接电商平台，积极发展以销定产模式。完善农村电子商务配送及综合服务网络，着力解决农副产品标准化、物流标准化、冷链仓储建设等关键问题，发展农产品个性化定制服务。开展生鲜农产品和农业生产资料电子商务试点，促进农业大宗商品电子商务发展。

2. 大力发展行业电子商务

鼓励能源、化工、钢铁、电子、轻纺、医药等行业企业，积极利用电子商务平台优化采购、分销体系，提升企业经营效率。推动各类专业市场线上转型，引导传统商贸流通企业与电子商务企业整合资源，积极向供应链协同平台转型。鼓励生产制造企业面向个性化、定制化消费需求深化电子商务应用，支持设备制造企业利用电子商务平台开展融资租赁服务，鼓励中小微企业扩大电子商务应用。

按照市场化、专业化方向,大力推广电子招标投标。

3. 推动电子商务应用创新

鼓励企业利用电子商务平台的大数据资源,提升企业精准营销能力,激发市场消费需求。建立电子商务产品质量追溯机制,建设电子商务售后服务质量检测云平台,完善互联网质量信息公共服务体系,解决消费者维权难、退货难、产品责任追溯难等问题。加强互联网食品药品市场监测监管体系建设,积极探索处方药电子商务销售和监管模式创新。鼓励企业利用移动社交、新媒体等新渠道,发展社交电商、"粉丝"经济等网络营销新模式。

4. 加强电子商务国际合作

鼓励各类跨境电子商务服务商发展,完善跨境物流体系,拓展全球经贸合作。推进跨境电子商务通关、检验检疫、结汇等关键环节单一窗口综合服务体系建设。创新跨境权益保障机制,利用合格评定手段,推进国际互认。创新跨境电子商务管理,促进信息网络畅通、跨境物流便捷、支付及结汇无障碍、税收规范便利、市场及贸易规则互认互通。

(九)"互联网+"便捷交通

加快互联网与交通运输领域的深度融合,通过基础设施、运输工具、运行信息等互联网化,推进基于互联网平台的便捷化交通运输服务发展,显著提高交通运输资源利用效率和管理精细化水平,全面提升交通运输行业服务品质和科学治理能力(发展改革委、交通运输部共同牵头)。

1. 提升交通运输服务品质

推动交通运输主管部门和企业将服务性数据资源向社会开放,鼓励互联网平台为社会公众提供实时交通运行状态查询、出行路线规划、网上购票、智能停车等服务,推进基于互联网平台的多种出行方式信息服务对接和一站式服务。加快完善汽车健康档案、维修诊断和服务质量信息服务平台建设。

2. 推进交通运输资源在线集成

利用物联网、移动互联网等技术,进一步加强对公路、铁路、民航、港口等交通运输网络关键设施运行状态与通行信息的采集。推动跨地域、跨类型交通运输信息互联互通，推广船联网、车联网等智能化技术应用，形成更加完善的交通运输感知体系，提高基础设施、运输工具、运行信息等要素资源的在线化水平，全面支撑故障预警、运行维护以及调度智能化。

3. 增强交通运输科学治理能力

强化交通运输信息共享，利用大数据平台挖掘分析人口迁徙规律、公众出行需求、枢纽客流规模、车辆船舶行驶特征等，为优化交通运输设施规划与建设、安全运行控制、交通运输管理决策提供支撑。利用互联网加强对交通运输违章违规行为的智能化监管，不断提高交通运输治理能力。

（十）"互联网+"绿色生态

推动互联网与生态文明建设深度融合，完善污染物监测及信息发布系统，形成覆盖主要生态要素的资源环境承载能力动态监测网络，实现生态环境数据互联互通和开放共享。充分发挥互联网在逆向物流回收体系中的平台作用，促进再生资源交易利用便捷化、互动化、透明化，促进生产生活方式绿色化（发展改革委、环境保护部、商务部、林业局等负责）。

1. 加强资源环境动态监测

针对能源、矿产资源、水、大气、森林、草原、湿地、海洋等各类生态要素，充分利用多维地理信息系统、智慧地图等技术，结合互联网大数据分析，优化监测站点布局，扩大动态监控范围，构建资源环境承载能力立体监控系统。依托现有互联网、云计算平台，逐步实现各级政府资源环境动态监测信息互联共享。加强重点用能单位能耗在线监测和大数据分析。

2. 大力发展智慧环保

利用智能监测设备和移动互联网，完善污染物排放在线监测系统，增加监测污染物种类，扩大监测范围，形成全天候、多层次的智能多源感知体系。建立环境信息数据共享机制，统一数据交换标准，推进区域污染物排放、空气环境质量、水环境质量等信息公开，通过互联网实现面向公众的在线查询和定制推送。加强对企业环保信用数据的采集整理，将企业环保信用记录纳入全国统一的信用信息共享交换平台。完善环境预警和风险监测信息网络，提升重金属、危险废物、危险化学品等重点风险防范水平和应急处理能力。

3. 完善废旧资源回收利用体系

利用物联网、大数据开展信息采集、数据分析、流向监测，优化逆向物流网点布局。支持利用电子标签、二维码等物联网技术跟踪电子废物流向，鼓励互联网企业参与搭建城市废弃物回收平台，创新再生资源回收模式。加快推进汽车保险信息系统、"以旧换再"管理系统和报废车管理系统的标准化、规范化和互联互通，加强废旧汽车及零部件的回收利用信息管理，为互联网企业开展业务创新和便民服务提供数据支撑。

4. 建立废弃物在线交易系统

鼓励互联网企业积极参与各类产业园区废弃物信息平台建设，推动现有骨干再生资源交易市场向线上线下结合转型升级，逐步形成行业性、区域性、全国性的产业废弃物和再生资源在线交易系统，完善线上信用评价和供应链融资体系，开展在线竞价，发布价格交易指数，提高稳定供给能力，增强主要再生资源品种的定价权。

（十一）"互联网+"人工智能

依托互联网平台提供人工智能公共创新服务，加快人工智能核心技术突破，促进人工智能在智能家居、智能终端、智能汽车、机器人等领域的推广应用，培育若干引领全球人工智能发展的骨干企业和创新团队，形成创新活跃、开放合作、协同发展的产业生态（发展改革委、科技部、工业和信息化部、网信办等负责）。

1. 培育发展人工智能新兴产业

建设支撑超大规模深度学习的新型计算集群，构建包括语音、图像、视频、地图等数据的海量训练资源库，加强人工智能基础资源和公共服务等创新平台建设。进一步推进计算机视觉、智能语音处理、生物特征识别、自然语言理解、智能决策控制以及新型人机交互等关键技术的研发和产业化，推动人工智能在智能产品、工业制造等领域规模商用，为产业智能化升级夯实基础。

2. 推进重点领域智能产品创新

鼓励传统家居企业与互联网企业开展集成创新，不断提升家居产品的智能化水平和服务能力，创造新的消费市场空间。推动汽车企业与互联网企业设立跨界交叉的创新平台，加快智能辅助驾驶、复杂环境感知、车载智能设备等技术产品的研发与应用。支持安防企业与互联网企业开展合作，发展和推广图像精准识别等大数据分析技术，提升安防产品的智能化服务水平。

3. 提升终端产品智能化水平

着力做大高端移动智能终端产品和服务的市场规模，提高移动智能终端核心技术研发及产业化能力。鼓励企业积极开展差异化细分市场需求分析，大力丰富可穿戴设备的应用服务，提升用户体验。推动互联网技术以及智能感知、模式识别、智能分析、智能控制等智能技术在机器人领域的深入应用，大力提升机器人产品在传感、交互、控制等方面的性能和智能化水平，提高核心竞争力。

三、保障支撑

（一）夯实发展基础

1. 巩固网络基础

加快实施"宽带中国"战略，组织实施国家新一代信息基础设施建设工程，推进宽带网络光纤化改造，加快提升移动通信网络服务能力，促进网间互联互通，大幅提高网络访问速率，有效降低网络资费，完善电信普遍服务补偿机制，支持农村及偏远地区宽带建设和运行维护，使互联网下沉为各行业、各领域、各区域都能使用，人、机、物泛在互联的基础设施。增强北斗卫星全球服务能力，构建天地一体化互联网络。加快下一代互联网商用部署，加强互联网协议第 6 版（IPv6）地址管理、标识管理与解析，构建未来网络创新试验平台。研究工业互联网网络架构体系，构建开放式国家创新试验验证平台（发展改革委、工业和信息化部、财政部、国资委、网信办等负责）。

2. 强化应用基础

适应重点行业融合创新发展需求，完善无线传感网、行业云及大数据平台等新型应用基础设施。实施云计算工程,大力提升公共云服务能力,引导行业信息化应用向云计算平台迁移,加快内容分发网络建设,优化数据中心布局。加强物联网网络架构研究,组织开展国家物联网重大应用示范,鼓励具备条件的企业建设跨行业物联网运营和支撑平台(发展改革委、工业和信息化部等负责)。

3. 做实产业基础

着力突破核心芯片、高端服务器、高端存储设备、数据库和中间件等产业薄弱环节的技术"瓶颈",加快推进云操作系统、工业控制实时操作系统、智能终端操作系统的研发和应用。大力发展云计算、大数据等解决方案以及高端传感器、工控系统、人机交互等软硬件基础产品。运用互联网理念,构建以骨干企业为核心、产学研用高效整合的技术产业集群,打造国际先进、自主可控的产业体系(工业和信息化部、发展改革委、科技部、网信办等负责)。

4. 保障安全基础

制定国家信息领域核心技术设备发展时间表和路线图,提升互联网安全管理、态势感知和风险防范能力,加强信息网络基础设施安全防护和用户个人信息保护。实施国家信息安全专项,开展网络安全应用示范,提高"互联网+"安全核心技术和产品水平。按照信息安全等级保护等制度和网络安全国家标准的要求,加强"互联网+"关键领域重要信息系统的安全保障。建设完善网络安全监测评估、监督管理、标准认证和创新能力体系。重视融合带来的安全风险,完善网络数据共享、利用等的安全管理和技术措施,探索建立以行政评议和第三方评估为基础的数据安全流动认证体系,完善数据跨境流动管理制度,确保数据安全(网信办、发展改革委、科技部、工业和信息化部、公安部、安全部、质检总局等负责)。

(二)强化创新驱动

1. 加强创新能力建设

鼓励构建以企业为主导,产学研用合作的"互联网+"产业创新网络或产业技术创新联盟。支持以龙头企业为主体,建设跨界交叉领域的创新平台,并逐步形成创新网络。鼓励国家创新平台向企业特别是中小企业在线开放,加大国家重大科研基础设施和大型科研仪器等网络化开放力度（发展改革委、科技部、工业和信息化部、网信办等负责）。

2. 加快制定融合标准

按照共性先立、急用先行的原则，引导工业互联网、智能电网、智慧城市等领域基础共性标准、关键技术标准的研制及推广。加快与互联网融合应用的工控系统、智能专用装备、智能仪表、智能家居、车联网等细分领域的标准化工作。不断完善"互联网+"融合标准体系，同步推进国际国内标准化工作，增强在国际标准化组织（ISO）、国际电工委员会（IEC）和国际电信联盟（ITU）等国际组织中的话语权（质检总局、工业和信息化部、网信办、能源局等负责）。

3. 强化知识产权战略

加强融合领域关键环节专利导航，引导企业加强知识产权战略储备与布局。加快推进专利基础信息资源开放共享，支持在线知识产权服务平台建设，鼓励服务模式创新，提升知识产权服务附加值，支持中小微企业知识产权创造和运用。加强网络知识产权和专利执法维权工作，严厉打击各种网络侵权假冒行为。增强全社会对网络知识产权的保护意识，推动建立"互联网+"知识产权保护联盟，加大对新业态、新模式等创新成果的保护力度（知识产权局牵头）。

4. 大力发展开源社区

鼓励企业自主研发和国家科技计划（专项、基金等）支持形成的软件成果通过互联网向社会开源。引导教育机构、社会团体、企业或个人发起开源项目，积极参加国际开源项目，支持组建开源社区和开源基金会。鼓励企业依托互联网开源模式构建新型生态，促进互联网开源社区与标准规范、知识产权等机构的对接与合作（科技部、工业和信息化部、质检总局、知识产权局等负责）。

（三）营造宽松环境

1. 构建开放包容环境

贯彻落实《中共中央、国务院关于深化体制机制改革加快实施创新驱动发展战略的若干意见》，放宽融合性产品和服务的市场准入限制，制定实施各行业互联网准入负面清单，允许各类主体依法平等进入未纳入负面清单管理的领域。破除行业壁垒,推动各行业、各领域在技术、标准、监管等方面充分对接,最大程度减少事前准入限制,加强事中事后监管。继续深化电信体制改革,有序开放电信市场,加快民营资本进入基础电信业务。加快深化商事制度改革,推进投资贸易便利化(发展改革委、网信办、教育部、科技部、工业和信息化部、民政部、商务部、卫生计生委、工商总局、质检总局等负责)。

2. 完善信用支撑体系

加快社会征信体系建设,推进各类信用信息平台无缝对接,打破信息孤岛。加强信用记录、风险预警、违法失信行为等信息资源在线披露和共享,为经营者提供信用信息查询、企业网上身份认证等服务。充分利用互联网积累的信用数据,对现有征信体系和评测体系进行补充和完善,为经济调节、市场监管、社会管理和公共服务提供有力支撑(发展改革委、人民银行、工商总局、质检总局、网信办等负责)。

3. 推动数据资源开放

研究出台国家大数据战略,显著提升国家大数据掌控能力。建立国家政府信息开放统一平台和基础数据资源库,开展公共数据开放利用改革试点,出台政府机构数据开放管理规定。按照重要性和敏感程度分级分类,推进政府和公共信息资源开放共享,支持公众和小微企业充分挖掘信息资源的商业价值,促进互联网应用创新(发展改革委、工业和信息化部、国务院办公厅、网信办等负责)。

4. 加强法律法规建设

针对互联网与各行业融合发展的新特点,加快"互联网+"相关立法工作,研究调整完善不适应"互联网+"发展和管理的现行法规及政策规定。落实加强网络信息保护和信息公开有关规定,加快推动制定网络安全、电子商务、个人信息保护、互联网信息服务管理等法律法规。完善反垄断法配套规则,进一步加大反垄断法执行力度,严格查处信息领域企业垄断行为,营造互联网公平竞争环境(法制办、网信办、发展改革委、工业和信息化部、公安部、安全部、商务部、工商总局等负责)。

（四）拓展海外合作

1. 鼓励企业抱团出海

结合"一带一路"等国家重大战略，支持和鼓励具有竞争优势的互联网企业联合制造、金融、信息通信等领域企业率先"走出去"，通过海外并购、联合经营、设立分支机构等方式，相互借力，共同开拓国际市场，推进国际产能合作，构建跨境产业链体系，增强全球竞争力（发展改革委、外交部、工业和信息化部、商务部、网信办等负责）。

2. 发展全球市场应用

鼓励"互联网+"企业整合国内外资源，面向全球提供工业云、供应链管理、大数据分析等网络服务，培育具有全球影响力的"互联网+"应用平台。鼓励互联网企业积极拓展海外用户，推出适合不同市场文化的产品和服务（商务部、发展改革委、工业和信息化部、网信办等负责）。

3. 增强"走出去"服务能力

充分发挥政府、产业联盟、行业协会及相关中介机构作用，形成支持"互联网+"企业"走出去"的合力。鼓励中介机构为企业拓展海外市场提供信息咨询、法律援助、税务中介等服务。支持行业协会、产业联盟与企业共同推广中国技术和中国标准，以技术标准"走出去"带动产品和服务在海外推广应用（商务部、外交部、发展改革委、工业和信息化部、税务总局、质检总局、网信办等负责）。

（五）加强智力建设

1. 加强应用能力培训

鼓励地方各级政府采用购买服务的方式，向社会提供互联网知识技能培训，支持相关研究机构和专家开展"互联网+"基础知识和应用培训。鼓励传统企业与互联网企业建立信息咨询、人才交流等合作机制，促进双方深入交流合作。加强制造业、农业等领域人才特别是企业高层管理人员的互联网技能培训，鼓励互联网人才与传统行业人才双向流动（科技部、工业和信息化部、人力资源社会保障部、网信办等负责）。

2. 加快复合型人才培养

面向"互联网+"融合发展需求，鼓励高校根据发展需要和学校办学能力设置相关专业，注重将国内外前沿研究成果尽快引入相关专业教学中。鼓励各类学校聘请互联网领域高级人才作为兼职教师，加强"互联网+"领域实验教学（教育部、发展改革委、科技部、工业和信息化部、人力资源社会保障部、网信办等负责）。

3. 鼓励联合培养培训

实施产学合作专业综合改革项目，鼓励校企、院企合作办学，推进"互联网+"专业技术人才培训。深化互联网领域产教融合，依托高校、科研机构、企业的智力资源和研究平台，建立一批联合实训基地。建立企业技术中心和院校对接机制，鼓励企业在院校建立"互联网+"研发机构和实验中心（教育部、发展改革委、科技部、工业和信息化部、人力资源社会保障部、网信办等负责）。

4. 利用全球智力资源

充分利用现有人才引进计划和鼓励企业设立海外研发中心等多种方式，引进和培养一批"互联网+"领域高端人才。完善移民、签证等制度，形成有利于吸引人才的分配、激励和保障机制，为引进海外人才提供有利条件。支持通过任务外包、产业合作、学术交流等方式，充分利用全球互联网人才资源。吸引互联网领域领军人才、特殊人才、紧缺人才在我国创业创新和从事教学科研等活动（人力资源社会保障部、发展改革委、教育部、科技部、网信办等负责）。

（六）加强引导支持

1. 实施重大工程包

选择重点领域，加大中央预算内资金投入力度，引导更多社会资本进入，分步骤组织实施"互联网+"重大工程，重点促进以移动互联网、云计算、大数据、物联网为代表的新一代信息技术与制造、能源、服务、农业等领域的融合创新，发展壮大新兴业态，打造新的产业增长点（发展改革委牵头）。

2. 加大财税支持

充分发挥国家科技计划作用，积极投向符合条件的"互联网+"融合创新关键技术研发及应用示范。统筹利用现有财政专项资金，支持"互联网+"相关平台建设和应用示范等。加大政府部门采购云计算服务的力度，探索基于云计算的政务信息化建设运营新机制。鼓励地方政府创新风险补偿机制，探索"互联网+"发展的新模式（财政部、税务总局、发展改革委、科技部、网信办等负责）。

3. 完善融资服务

积极发挥天使投资、风险投资基金等对"互联网+"的投资引领作用。开展股权众筹等互联网金融创新试点，支持小微企业发展。支持国家出资设立的有关基金投向"互联网+"，鼓励社会资本加大对相关创新型企业的投资。积极发展知识产权质押融资、信用保险保单融资增信等服务，鼓励通过债券融资方式支持"互联网+"发展，支持符合条件的"互联网+"企业发行公司债券。开展产融结合创新试点，探索股权和债权相结合的融资服务。降低创新型、成长型互联网企业的上市准入门槛，结合证券法修订和股票发行注册制改革，支持处于特定成长阶段、发展前景好但尚未盈利的互联网企业在创业板上市。推动银行业金融机构创新信贷产品与金融服务，加大贷款投放力度。鼓励开发性金融机构为"互联网+"重点项目建设提供有效融资支持（人民银行、发展改革委、银监会、证监会、保监会、网信办、开发银行等负责）。

（七）做好组织实施

1. 加强组织领导

建立"互联网+"行动实施部际联席会议制度，统筹协调解决重大问题，切实推动行动的贯彻落实。联席会议设办公室，负责具体工作的组织推进。建立跨领域、跨行业的"互联网+"行动专家咨询委员会，为政府决策提供重要支撑（发展改革委牵头）。

2. 开展试点示范

鼓励开展"互联网+"试点示范，推进"互联网+"区域化、链条化发展。支持全面创新改革试验区、中关村等国家自主创新示范区、国家现代农业示范区先行先试，积极开展"互联网+"创新政策试点，破除新兴产业行业准入、数据开放、市场监管等方面的政策障碍，研究适应新兴业态特点的税收、保险政策，打造"互联网+"生态体系(各部门、各地方政府负责)。

3. 有序推进实施

各地区、各部门要主动作为,完善服务,加强引导,以动态发展的眼光看待"互联网+",在实践中大胆探索拓展,相互借鉴"互联网+"融合应用成功经验,促进"互联网+"新业态、新经济发展。有关部门要加强统筹规划,提高服务和管理能力。各地区要结合实际,研究制定适合本地的"互联网+"行动落实方案,因地制宜,合理定位,科学组织实施,杜绝盲目建设和重复投资,务实有序推进"互联网+"行动(各部门、各地方政府负责)。

中华人民共和国国务院
2015 年 7 月 1 日

参考文献

[1] Baily Martin Neil and R. J. Gordon. The Productivity Slowdown, Measurement Issues and the Explosion of Computer Power [J]. Brookings Papers in Economic Activity, 1988 (2): 347-431.

[2] Barabási A.L. and Jeong H.. Mean-field Theory for Scale-free Random Networks [J]. Physica, 1999 (272): 180-189.

[3] Brynjolfsson Erik and Adam Saunders.Wired for Innovation: How Information Technology is Reshaping the Economy [M]. Cambridge, Massachusetts: The MIT Press, 2010.

[4] Choi T.Y., Dooley, K. J. and Rungtusanatham M.. Supply Networks and Complex Adaptive Systems: Control Versus Emergence [J]. Journal of Operations Management, 2001, 19 (3): 351-366.

[5] Coase R. H.. The Lighthouse in Economics [J]. Journal of Law and Economics, 1974, 17 (2): 357-376.

[6] Crafts Nicholas. Quantifying the Contribution of Technological Change to Economic Growth in Different Eras: A Review of the Evidence [R]. London School of Economic History Department, Working Paper No.79, 2003.

[7] Den Hartigh, E. and T. Van Asseldonk. Business Ecosystems: A Research Framework for Investigating the Relation between Network Structure, Firm Strategy, and the Pattern of Innovation Diffusion [R]. ECCON 2004 Annual Meeting: Co-Jumping

on a Trampoline, The Netherlands, 2004.

[8] Galaskiewicz J. and A. Zaheer. Networks of Competitive Advantage [J]. Research in the Sociology of Organizations, 1999 (16): 237-261.

[9] Gereffi G.. Internationnal Trade and Industrial Upgrading in the Apparel Commodity Chain [J]. Journal of International Economics, 1999, 48 (1): 37-70.

[10] Ghisi F. A. and D. P. Martinelli. Systemic View of Interorganisational Relationships: An Analysis of Business Networks [J]. Systemic Practice and Action Research, 2006, 19 (5): 461-473.

[11] Gossain S. and Kandiah G.. Reinventing Value: The New Business Ecosystem [J]. Strategy & Leadership, 1998, 26 (5): 28-33.

[12] Granovetter M.. Economic Action and Social Structure: The Problem of Embeddedness [J]. American Journal of Sociology, 1985, 91 (3): 481-510.

[13] Guellec D. and Van Pottelsberghe. The Impact of Public R&D Expenditure on Business R&D [J]. Economics of Innovation and New Technology, 2003, 12 (3): 225-243.

[14] Gulati R., N. Nohria, et al.. Strategic Networks [J]. Strategic Management Journal, 2000, 21 (3): 203-215.

[15] Gulati R.. Alliances and Networks [J]. Strategic Management Journal, 1998, 19 (4): 293-317.

[16] Gundlach G.T.. Complexity Science and Antitrust? [J]. Antitrust Bulletin, 2006, 51 (1): 17.

[17] Hakansson H. and I. Snehota. No Business is an Island: The Network Concept of Business Strategy [J]. Scandinavian Journal of Management, 2006, 22 (3): 256-270.

[18] Holland J.H.. Adaptation in Natural and Artificial Systems [M]. Ann Arbor: The University of Michigan, 1992.

[19] Holland J.H.. Hidden Order. How Adaptation Builds Complexity. New

York: Perseus Books Group, 1995.

[20] Iansiti M. and Levien R.. The Keystone Advantage: What the New Dynamics of Business Ecosystems Mean for Strategy, Innovation, and Sustainability [M]. Harward: Harward Business School Press, 2004.

[21] Johansson Borje, Charlie Karlsson, and Lars Westin. Pattern of a Network Economy [M]. Heidelberg: Springer-Verlag Berlin, 1994.

[22] Jorgenson Dale W. and Kevin J. Stiroh.Raising the Speed Limit: U.S. Economic Growth in the Information Age [R]. Brookings Papers on Economic Activity: 1, Brookings Institution, 2000.

[23] Kaplinsky R. and Morris M.. A Handbook for Value Chain Research [EB/OL]. http://www.ids.ae.uk. Global, 2001.

[24] Korhonen J., F. V. Malmborg, et al.. Management and Policy Aspect of Industrial Ecology: An Emerging Research Agenda [J]. Business Strategy and the Environment, 2004 (13): 289-305.

[25] Korhonen J., Wihersaari M. and Savolainen I.. Industrial Ecosystem in the Finnish Forest Industry: Using the Material and Energy Flow Model of a Forest Ecosystem in a Forest Industry System [J]. Ecological Economics, 2001, 39 (1): 145-161.

[26] Milgram S.. The Small World Problem [J]. Psychology Today, 1967 (2): 60-67.

[27] Mitleton-Kelly E.. Ten Principles of Complexity and Enabling Infrastructures [M]//Mitleton-Kelly E..Complex Systems and Evolutionary Perspectives on Organizations: The Application of Complexity Theory to Organizations. Pergamon: Amsterdam, 2003.

[28] Moore J. F.. The Death of Competition [J]. Fortune, 1996, 133 (7): 142.

[29] Moore J.F.. The Rise of a New Corporate Form [J]. Washington Quarterly. 1998, 21 (1): 167-181.

[30] Moore J.F.. Predators and Prey: The New Ecology of Competition [J]. Harward Business Review, 1993, 71 (3): 75-83.

[31] Moore J.F.. The Death of Competition: Leadership & Strategy in the Age of Business Ecosystems [M]. New York: Harper Business, 1996.

[32] Nachira F.. Towards a Network of Digital Business Ecosystems Fostering the Local Development [EB/DL]. http://www.digitalecosystem.org/html/repository/dbe_discussionpaper.pdf, 2002.

[33] OECD. OECD Information Technology Outlook: ICTs, E-Commerce, and the Information Economy [EB/OL]. http://dx.doi.org/10.1787/it_outlook-2010-en.

[34] P. Erdös and A. Rényi. On the Evolution of Random Graphs, Publ. Math. Inst. Hung. Acad. Sci, 1960 (5): 17.

[35] Peltoniemi M., E. Vuori, et al.. Business Ecosystem as a Tool for the Conceptualisation of the External Diversity of an Organisation [R]. Proceedings of the Complexity, Science and Society Conference, 2005.

[36] Peltoniemi M.. Business Ecosystem: A Conceptual Model of an Organization Population from the Perspective of Complexity and Evolution [M]. Tampere, Finland: Tampere University of Technology and University of Tampere, 2005.

[37] Peltoniemi M.. Cluster, Value Network and Business Ecosystem: Knowledge and Innovation Approach [R]. Manchester: Organisations, Innovation and Complexity: New Perspectives on the Knowledge Economy Conference, 2004.

[38] Quaadgras A.. Who Joins the Platform? The Case of the RFID Business Ecosystem [R]. Proceedings of the Annual Hawaii International Conference on System Sciences, 2005.

[39] Solow Robert. We'd Better Watch Out [N]. New York Times Book Review, 1987-07-12.

[40] Vos E.. Business Ecosystems: Simulating Ecosystem Governance [M]. Delft: Delft University of Technology, 2006.

[41] Watts D.J. and Strogatz S. H.. Collective Dynamics of "Small World" Networks [J]. Nature, 1998 (393): 440-442.

[42] 陈威如,余卓轩.平台战略——正在席卷全球的商业模式革命[M].北京:中信出版社,2013.

[43] 程贵孙,陈宏民,孙武军.双边市场视角下的平台企业研究[J].经济理论与经济管理,2006(9):55-60.

[44] 杜国柱,舒华英.企业商业生态系统理论研究现状及展望[J].经济与管理研究,2007(7):75-79.

[45] 杜国柱,王博涛.商业生态系统与自然生态系统的比较研究[J].北京邮电大学学报(社会科学版),2007(10):35-36.

[46] 杜国柱,王博涛.商业生态系统与自然生态系统的比较研究[J].北京邮电大学学报(社会科学版),2007(10):34-38.

[47] 工业和信息化部电信研究院.2013年ICT深度观察[M].北京:人民邮电出版社,2013.

[48] 国家发展和改革委员会高技术产业司,中国信息通信研究院.大融合 大变革《国务院关于积极推进"互联网+"行动的指导意见》解读[M].北京:中共中央党校出版社,2015.

[49] 何德旭,夏杰长等.服务经济学[M].北京:中国社会科学出版社,2009.

[50] 霍学文.新金融、新生态——互联网金融的框架分析与创新思考[M].北京:中信出版社,2015.

[51] 蒋林涛.互联网技术与电信网技术研究[J].中兴通讯技术,2008(1):1-9.

[52] 蒋萍.政府部门非市场服务产出核算的有关问题[J].统计研究,2001(5):9-16.

[53] 康小明,向勇.产业集群与文化产业竞争力的提升[J].北京大学学报(哲学社会科学版),2005(2):17-21.

[54] 克瑞斯提诺·安东内利.创新经济学——新技术与结构变迁[M].北京:高等教育出版社,2006.

[55] 来有为. 推动现代服务业发展的政策建议 [J]. 经济研究参考, 2004 (95): 27-28.

[56] 李保红. ICT 创新经济学 [M]. 北京: 北京邮电大学出版社, 2010.

[57] 李东. 面向进化特征的商业生态系统分类研究——对 33 个典型核心企业商业生态实践的聚类分析 [J]. 中国工业经济, 2008 (8): 119-129.

[58] 李江帆. 产业结构高级化与第三产业现代化 [J]. 中山大学学报 (社科版), 2005 (4): 124-130.

[59] 李强, 揭筱纹. 信息技术的商业生态系统健康、战略行为与企业价值实证研究 [J]. 管理学报, 2013 (22): 824-830.

[60] 李志平, 白庆华. 论现代服务业的内涵及其发展趋势 [J]. 经济论坛, 2006 (22): 71-72.

[61] 梁运文, 谭力文, 商业生态系统价值重构、企业角色与战略选择 [J]. 南开管理评论, 2005, 8 (1): 57-63.

[62] 林毅夫, 董先安. 信息化、经济增长与社会转型 [Z]. 北京大学中国经济研究中心讨论稿, 2003.

[63] 刘芹. 产业集群升级研究述评 [J]. 科研管理, 2007 (3): 57-62.

[64] 刘奕, 夏杰长. 全球价值链下服务业集聚区的嵌入与升级——创意产业的案例分析 [J]. 中国工业经济, 2009 (12): 56-65.

[65] 刘哲明. 产业集聚过度、技术创新与产业升级——基于珠三角产业集群的研究 [J]. 特区经济, 2010 (8): 30-32.

[66] 刘重. 论现代服务业的理论内涵与发展环境 [J]. 理论与现代化, 2005 (6): 47-60.

[67] 马尔科·扬西蒂, 罗伊·莱维恩. 共赢——商业生态系统对企业战略、创新和可持续性的影响 [M]. 北京: 商务印书馆, 2006.

[68] 潘剑英, 王重鸣. 商业生态系统理论模型回顾与研究展望 [J]. 外国经济与管理, 2012 (9): 53-57.

[69] 潘剑英, 王重鸣. 商业生态系统理论模型回顾与研究展望 [J]. 外国经济

与管理, 2012 (9): 51-57.

[70] 钱平凡.基于产业集群和全球价值链的我国淡水珍珠产业发展方略 [R].国务院发展研究中心调查研究报告, 2003.

[71] 秦海等.信息通信技术与经济增长——一项基于国际经验和中国实践的研究 [M].北京: 中国人民大学出版社, 2006.

[72] 芮明杰, 张琰.产业创新战略——基于网络状产业链内知识创新平台的研究 [M].上海: 上海财经大学出版社, 2009.

[73] 师亚莉, 冯景超.通信网技术的演进 [J].西安邮电学院学报, 2010 (7): 4-7.

[74] 石小玉.世界经济统计研究新进展 [M].北京: 中央广播电视大学出版社, 2002.

[75] 王双进.复杂网络的统计描述与网络建模的研究 [D].天津: 河北工业大学, 2007.

[76] 王兴元.商业生态系统理论及其研究意义 [J].科技进步与对策, 2005 (2): 176-177.

[77] 王兴元.商业生态系统理论及其研究意义 [J].科技进步与对策, 2005 (2): 175-177.

[78] 网易科技.阿里高管解读财报: 淘宝天猫和聚划算为何整合 [EB/OL]. (2015-05-23). http: //tech.163.com/15/0508/08/AP327V1F000915BF.html.

[79] 魏作磊, 胡霞, 我国服务业发展水平偏低吗? [J].经济学家, 2005(1): 37-43.

[80] 邬贺铨.电信技术演进的启示 [J].信息通信技术, 2009 (4): 4-5.

[81] 吴迪.区域产业集群竞争优势构建——基于产业集群与区域创新能力互动关系视角 [J].企业经济, 2012 (2): 128-131.

[82] 吴洪等.通信经济学 [M].北京: 北京邮电大学出版社, 2007.

[83] 吴吉义, 平玲娣, 潘雪增等.云计算: 从概念到平台 [J].电信交换, 2010 (1): 23-29.

[84] 新浪财经. 阿里发布第一财季财报 净利润同比增长 30% [EB/OL]. (2015-08-12). http: //tech.sina.com.cn/i/2015-08-12/doc-ifxftvni9002400.shtml.

[85] 熊彼特. 经济发展理论 [M]. 西安: 陕西师范大学出版社, 2007.

[86] 徐晋, 张祥建. 平台经济学初探 [J]. 中国工业经济, 2006 (5): 40-47.

[87] 许宪春. 中国服务业核算及其存在的问题研究[J]. 经济研究, 2004(3): 20-27.

[88] 杨泽民. ICT 产业发展的观察与思考 [J]. 数字通信, 2010 (5): 23-30.

[89] 余晓晖. 发展趋势——移动互联网的发展机遇和对策 [J]. 中国电信, 2009 (1): 9-15.

[90] 余晓晖. 行业发展: 危机与变革中开启新纪元 [J]. 世界电信, 2010 (1): 40-43.

[91] 岳希明, 张曙光. 我国服务业增加值的核算问题 [J]. 经济研究, 2002 (12): 51-59.

[92] 曾咏梅. 产业集群嵌入全球价值链的模式研究 [J]. 经济地理, 2011 (3): 453-457.

[93] 詹姆斯·弗·穆尔. 竞争的衰亡——时代的领导与战略 [M]. 北京: 北京出版社出版集团, 1999.

[94] 赵弘. 中国总部经济发展报告 [M]. 北京: 社会科学文献出版社, 2007.

[95] 赵同录. 加快服务业统计改革, 完善 GDP 核算 [J]. 统计研究, 2006 (9): 8-10.

[96] 钟耕深, 崔祯珍. 商业生态系统理论及其发展方向[J]. 东岳论丛, 2009 (6): 27-33.

[97] 周振华. 现代服务业发展: 基础条件及其构建[J]. 上海经济研究, 2005 (9): 21-29.

[98] 朱彤. 网络效应经济理论——IT 产业的市场结构、企业行为与公共政策 [M]. 北京: 中国人民大学出版社, 2004.

后 记

本书是我主持的北京市教委的三年行动计划——北京高等学校青年英才计划项目的成果之一。选择这个题目是由于近年来网络经济的不断兴起，企业与企业之间、企业与个人之间的互动更为深入，经济中个体间的竞争不再是你死我活的零和博弈，"共赢"成为网络经济时代的主题，而传统的新古典经济学理论较少涉及企业与企业、企业与个人间的互动，对企业的分析框架集中于对特定资源约束下、规模报酬不变假定下的投入产出问题，在此背景下，传统的经济学和管理学理论已无法较好地解释和分析现有的经济现象，商业生态系统恰恰是在结合了大量的生物学、物理学、经济学、管理学以及社会学等相关理论的基础上产生的，对交错的相互连接的个体的分析达到了更高的层面，并且多学科、多领域的交叉又为这门学科披上了一层神秘的面纱，我对此产生了浓厚的兴趣，并试图通过自己的努力将此作为研究的方向。本书主要是在明确商业生态系统理论的基础上，结合相关理论对现代服务业当中较有特色的互联网信息服务业和文化产业作为分析对象，对这两大产业的商业生态系统现状、系统演进、企业战略以及政策进行分析。本书还选取了丰富的案例素材，避免纯理论介绍的空洞。如前所述，商业生态系统领域涉及多学科的知识，囿于理论方面的欠缺，本书还存在着一些不足；商业生态系统是一门新兴的学科，发展迅速，其理论也在不断变化当中，本书在写作过程中尽量采用最新的统计口径和统计数据，力争做到与时俱进；同时，本书的写作是在繁忙的教学、科研以及行政工作间隙得以完成的，写作过程是漫长的、苦闷的，但偶尔迸发出的灵感像黑暗中的微弱烛光，照亮前进的方向，这也是写作的一种乐趣吧。书稿虽已完成，但对于商业生态系统这一新领域的探索是永无止境的，也是妙不可言的。由于个人能力有限，书中难免会出现错漏，请各位读者批评指正。

在这两年断断续续的研究与写作过程中，我首先要感谢我的丈夫尚铁力对我的支持和帮助，由于他工作的关系，我可以经常与他讨论本书的很多细节，我们总能够在理论和案例的探讨中迸发出思想的火花，感谢他对我的工作、学习一如既往的支持，理解和包容我的一切；感谢北京联合大学管理学院的陶秋燕院长、何勤副院长以及工商管理系的系主任龚秀敏副教授和陈琳教授，为了使我能够安心写作，在排课等任务安排方面充分照顾我；感谢我可爱的同事胡艳君老师、张选伟老师、王晓芳老师等，他们在我工作这五年的时间里，一直对我这个系里年龄最小的老师颇为照顾和宽容，工商管理系这个温馨的大家庭让我们能在繁忙的教学科研工作中感受到家人的关爱；感谢管理学院信息与电子商务系的裴一蕾老师，她和我同样主持该项目，在写作过程中，我们都会给彼此力量；感谢学校人事处的康艳老师一直督促着项目的实施和进展，帮我解决遇到的各种问题；感谢经济管理出版社的编辑申桂萍师姐，她一直以来帮助了我很多，也对书稿的修改提出了许多中肯的意见；感谢我学术上的好伙伴、生活中的好闺蜜，中国社会科学院财经战略研究院服务经济与政策研究室副主任刘奕副研究员，她总能在我苦闷的时候开导我；感谢我的硕士导师，中国社会科学院财经战略研究院副院长夏杰长研究员，虽然已毕业多年，但他依然关心着我的工作和生活；感谢我的父母一直以来毫无怨言地帮我照顾孩子，让我在工作和生活中无后顾之忧；最后我要感谢我可爱的儿子安安，他的降生给全家带来无尽的欢乐，让我在遇到任何困难的时候都能笑着勇往直前。

书稿虽已完成，但学术道路依然任重道远，唯有感恩前行，才能不忘初心。

王娜

2015年9月于北京